101 PLATOS DEL MUNDO

Título original: *101 Global Dishes*

Primera publicación por BBC Books, un sello de
Ebury Publishing, una división de Random House
Group Ltd. 2007

© 2007, Woodlands Books
© 2009, *Olive*, por todas las fotografías
© 2009, Random House Mondadori, S.A.
   Travessera de Gràcia, 47–49. 08021 Barcelona
© 2009, Fernando E. Nápoles Tapia,
   por la traducción

Primera edición: febrero de 2010

Fotocomposición: Compaginem

ISBN: 978-84-253-4405-3

Impreso en Gráficas 94, S.L.
Sant Quirze del Vallès (Barcelona)

Encuadernado en Reinbook

Depósito legal: B. 1289-2010

GR 44053

101 PLATOS DEL MUNDO

Janine Ratcliffe

Grijalbo

Sumario

Introducción   6

Mediterráneo   10   Oriente Medio   46   Europa   78

India   112   América   142   Asia   176

Índice   212

Introducción

En la revista *olive*, nos inspiramos en recetas de todo el mundo, ya sea un plato que se consume fuera del país, en un restaurante local o se trate de un estilo gastronómico que se esté popularizando. Como cada vez hay más disponibilidad de ingredientes de todas partes del mundo, nunca antes había sido tan fácil saborear lo exótico todos los días.

Preparar platos de otros países no tiene que significar la elaboración de listas interminables de ingredientes desconocidos y su preparación con métodos complicados. Las recetas contenidas en este libro emplean sabores y técnicas, sencillos y auténticos, para reflejar el estilo de la comida de cada país, de modo que no haya que pasarse todo el día de compras y en la cocina.

Los *101 platos del mundo* incluyen un estilo gastronómico para cada paladar. Por lo tanto, si se quiere preparar una sopa de fideos asiática con infusión de hierbas aromáticas, un curry indio muy condimentado, un arroz con nueces a la pilaf procedente de Oriente Medio, o un rico estofado italiano, es aquí donde se puede encontrar. Para editar esta selección, el equipo de *olive* ha escogido recetas imaginativas y fáciles como el pollo tikka masala —cuya fotografía aparece en la página opuesta y su receta en la página 116— que satisfarán el apetito más atrevido.

Como siempre, todas las recetas han sido probadas exhaustivamente en la cocina de *olive* para garantizar que tengan un sabor fabuloso y salgan bien desde la primera vez.

Janine Ratcliffe

Janine Ratcliffe
olive Magazine

Tablas de conversión

TEMPERATURA DEL HORNO

NOTA PREVIA

• Los huevos utilizados serán de medida grande (L), a menos que se indique lo contrario.
• Lavar todos los alimentos frescos antes de prepararlos.
• Las recetas incluyen un análisis nutricional del «azúcar», que se refiere al contenido total de azúcar, incluso todos los azúcares naturales presentes en los ingredientes, excepto que se especifique otra cosa.

Gas	°C	°C convección	Temperatura
¼	110	90	muy baja
½	120	100	muy baja
1	140	120	baja o suave
2	150	130	baja o suave
3	160	140	templada
4	180	160	moderada
5	190	170	media
6	200	180	media-alta
7	220	200	alta
8	230	210	muy alta
9	240	220	muy alta

MEDIDAS DE LAS CUCHARADAS

Las cucharas son rasas, salvo indicación contraria.
• 1 cucharadita = 5 ml
• 1 cucharada = 15 ml

RECETAS

Puede formar parte de un entremés meze de vegetales hecho con patatas cocidas calientes, corteza de limón y cebollinos, y se sirve con una ensalada de zanahoria rallada, con hojas de cilantro y aceite de sésamo.

Calabacín con feta y tomillo limón

3 calabacines grandes
aceite de oliva virgen extra
2 ramilletes de tomillo limón picado
100 g de queso feta desmenuzado

20 minutos • 6 raciones

1 Calentar el horno a 200 ºC. Laminar los calabacines en tiras con un pelapatatas, o cortarlos finamente en diagonal. Mezclar las tiras con 2 cucharadas de aceite de oliva, extenderlas sobre una bandeja para asar y esparcirles el tomillo por encima.
2 Asarlas durante 5 minutos, de manera que el calabacín conserve cierta consistencia. Esparcirles el queso por encima y rociarlas con 2 cucharadas de aceite.

El halloumi es un queso duro que se puede asar o freír sin que
pierda consistencia. Se encuentra en cualquier supermercado.

Ensalada de higos, pacanas y halloumi a la parrilla

200 g de queso halloumi cortado
en 6 lonchas
9 higos frescos cortados por la mitad
150 g de rúcula
50 g de nueces de pecana machacadas

ALIÑO
3 cucharadas de aceite de oliva
1 cucharada de zumo de limón
2 cucharadas de pasta picante harissa
roja, o no picante
1 cucharada de hojas de cilantro
picadas

30 minutos • 6 raciones

1 Calentar una parrilla o las brasas a temperatura
muy alta y asar el queso durante algunos minutos
por cada lado hasta que se dore. Retirarlo
y conservarlo caliente.
2 Untar los higos con un poco de aceite de oliva.
Ponerlos sobre la parrilla con la cara del corte
hacia abajo y asarlos durante 2-3 minutos.
Retirarlos con cuidado.
3 Batir todos los ingredientes del aliño en
un bol y sazonarlos. Distribuir la rúcula en seis
platos, y cubrirla con el queso y los higos.
Esparcirles las nueces por encima y rociarlos
con el aliño.

Poner las alubias secas en remojo durante más de 8 horas en agua fría, seguidas de 30 minutos o una hora de cocción a fuego lento.

Chorizo y falda de cerdo con alubias

1 pieza de 750 g de falda de cerdo deshuesada y sin piel
aceite de oliva
130 g de tocino cortado en dados
1 cebolla grande picada
2 dientes de ajo picados
1 cucharadita de pimentón dulce picante y ahumado
200 g de chorizo picado
400 g de tomate triturado
150 ml de vino tinto
400 g de alubias blancas escurridas y lavadas
1 manojo de hojas de cilantro picadas

20 minutos, más 2½ horas en el horno
• 6 raciones

1 Calentar el horno a 160 °C. Cortar la falda de cerdo en trozos grandes. Calentar una cucharada de aceite en una cacerola refractaria grande y freír la carne en tandas a temperatura alta hasta que se dore completamente. Retirar de la cacerola con una espumadera.
2 Añadir el tocino y freírlo durante 2-3 minutos hasta que se dore, reducir ligeramente la temperatura, y añadir la cebolla y el ajo. Freírlos durante 2-3 minutos hasta que se ablanden. Añadir y mezclar el pimentón y el chorizo, y freírlos durante otro minuto. Volver a poner el cerdo en la cacerola y añadirle el tomate. Verter el vino y agua suficiente —350 ml aproximadamente— para cubrirlos. Sazonar, tapar y cocinar durante 2 horas.
3 Añadir las alubias y remover. Cocinar de nuevo, sin tapa, durante 20-30 minutos. Antes de servir, espolvorear con el cilantro. Acompañar con pan con corteza.

Con queso crema, ya sea con hierbas aromáticas o con ajo,
puede prepararse una salsa genial y rápida.

Ñoquis con espárragos

1 manojo de aproximadamente 250 g
    de espárragos recortados
500 g de ñoquis
150 g de queso de cabra tipo boursin
    o queso crema con hierbas
la ralladura de 1 limón
2 cucharadas de queso parmesano
    recién rallado
1 cucharada de hojas de perejil picadas

20 minutos • 2 raciones

1 Llevar dos cacerolas de agua con sal al punto de ebullición y calentar la parrilla a temperatura máxima. Cortar los espárragos en trozos de 3-4 cm y quitarles las puntas. Añadir los trozos de espárrago al agua hirviendo y cocerlos durante 2 minutos. Incorporar después las puntas y cocerlas durante 2 minutos más. Escurrirlos bien.

2 Mientras, cocer los ñoquis en la otra cacerola. Estarán listos cuando floten en la superficie del agua. Escurrirlos.

3 Poner el queso crema en una cacerola con 8 cucharadas de agua y la ralladura de limón. A temperatura media, remover hasta que el queso se derrita y forme una salsa cremosa.

4 Incorporar los ñoquis y los espárragos y mezclar. Ponerlos en un plato llano refractario. Esparcirles por encima el queso parmesano y el perejil, y dorarlos al grill.

Para acompañar este plato, se puede preparar una ensalada rápida con lechuga, cebolla roja o morada muy picada, menta fresca bien picadita y queso feta desmenuzado.

Cordero asado con aceitunas a la griega

2 cucharadas de aceite de oliva
1 cebolla grande muy picada
4 dientes de ajo picados
4 bistecs de 150 g de espaldilla
　de cordero
900 g de patatas troceadas
400 g de tomates cherry o tomate
　triturado
600 ml de caldo de cordero o de vaca
　en pastilla o concentrado
1 hoja de laurel
2 cucharaditas de orégano seco
125 g de aceitunas griegas kalamata
　sin hueso
25 g de alcaparrones o de alcaparras
　escurridos
1 manojo pequeño de orégano fresco
　no muy picado

1 hora • 4 raciones

1　Calentar el horno a 180 °C. Poner el aceite en una bandeja para asar grande y calentar. Añadir la cebolla y el ajo, y asarlos durante unos minutos. Separar la cebolla y el ajo a un lado de la bandeja, añadir después los bistecs y dorarlos durante unos minutos por cada lado. Incorporar la patata, el tomate, el caldo, el laurel, el orégano, las aceitunas y los alcaparrones. Remover bien y sazonar.
2　Hornear durante 40 minutos hasta que el cordero esté tierno, las patatas estén en su punto y el caldo reducido. Espolvorear el orégano fresco por encima y servir con una ensalada.

Se puede consumir sola o acompañada con hummus (paté de garbanzos) y pan de pita caliente.

Ensalada de garbanzos y perejil a la griega

400 g de garbanzos escurridos
    y lavados
½ cebolla roja cortada en rodajas finas
¼ pepino cortado longitudinalmente
    por la mitad y después en trozos
1 manojo pequeño de hojas de perejil
    no muy picadas
100 g de queso feta desmenuzado
un puñadito de hojas albahaca cortadas
2 cucharadas de vinagre de vino tinto
3 cucharadas de aceite de oliva virgen
    extra

10 minutos • 2 raciones

1 Poner los garbanzos, la cebolla, el pepino, el perejil, el queso y el laurel en un bol grande, y mezclar todo bien. Incorporar el vinagre y el aceite, y sazonar. Disponer la mezcla de garbanzos sobre la ensalada y remover.

Para asar los vegetales es mejor aplicar el aceite a estos
y no a la plancha para evitar que la cocina se llene de humo.

Berenjena a la plancha aliñada con feta y hierbas aromáticas

2 berenjenas grandes cortadas
en láminas de ½ cm de grosor
aceite de oliva
el zumo de 1 limón
1 diente de ajo machacado
200 g de queso feta desmenuzado
un puñado grande de hojas de perejil
picadas finamente
un puñado grande de hojas de cilantro
picadas finamente

20 minutos • 4 raciones

1 Calentar la plancha o la sartén a temperatura muy alta. Untar las láminas de berenjena con un poco de aceite, y asarlas a la plancha o freírlas por tandas hasta que se ablanden y estén bien cocinadas.

2 Mezclar el zumo de limón y el ajo machacado con 3 cucharadas de aceite; sazonar y rociar las láminas. Dejar que los sabores se combinen durante 5 minutos antes de esparcir el queso y las hierbas aromáticas por encima de las berenjenas y servir.

Se pueden emplear pimientos asados en conserva para ganar tiempo.
Es recomendable seleccionar los más grandes.

Pimientos rojos rellenos con halloumi, limón y chile

4 pimientos rojos
200 g de queso halloumi cortado
　　en 4 trozos
la ralladura y el zumo de 1 limón
1 chile rojo picado finamente
2 cucharaditas de orégano fresco
　　picado o 1 cucharadita del seco
4 aceitunas negras o verdes cortadas
　　en rodajas

30 minutos • 4 raciones

1　Asar los pimientos enteros a la plancha
o en el horno hasta que estén lo suficientemente
blandos para envolver el queso; aunque no
demasiado, porque habrá que asarlos luego más.
2　Abrirlos con un corte lateral y recortar
los extremos superior e inferior. Rellenar
el centro de cada uno con un trozo de queso.
Esparcirles por encima ralladuras y zumo de
limón. Distribuir entre ellos el chile, el orégano
y las aceitunas antes de enrollarlos con el relleno
dentro. Atarlos con hilo de cocina previamente
remojado en agua —o fijarlos con unos palillos—
y presionarlos con la palma de la mano hasta que
se aplasten un poco.
3　Asarlos a la barbacoa o a la parrilla por cada
lado durante 5 minutos, o hasta que comiencen
a tostarse, el queso se ablande y los extremos
se doren. Hay que vigilar que el hilo no se queme.

El queso mozzarella elaborado con leche de vaca resulta excelente para derretir. Es más barato que el elaborado con leche de búfala, y su textura elástica es perfecta para preparar pizza, pasta y sándwiches tostados.

Sándwich panini de mozzarella y alcachofa

8 corazones de alcachofa frescos
   o en conserva
4 rebanadas largas de pan de chapata
4 tomates conservados en aceite
   de oliva
un buen puñado de hojas de albahaca
125 g de queso mozzarella troceado
aceite de oliva de la conserva de los
   tomates

10 minutos • 2 raciones

1 Cortar 4 corazones de alcachofa en cuartos. Picar el resto en un robot de cocina hasta obtener una pasta. Extenderla sobre 2 rebanadas de pan. Poner encima la alcachora en cuartos reservada, el tomate y la albahaca, y después el queso. Salpimentar y tapar con las otras 2 rebanadas.

2 Rociar los sándwiches moderadamente por ambos lados con el aceite. Calentarlos a la plancha o en un sartén de fondo grueso a temperatura alta durante 2 minutos por cada lado.

Se puede guardar un tarro de escamas de chile deshidratado en la despensa y emplear una pizca grande en lugar de cocinar con chile fresco.

Linguini con calabacín, ajo y chile

200 g de linguini
1 cucharada de aceite de oliva
4 calabacines cortados en láminas finas
1 chile rojo largo cortado en tiras
2 dientes de ajo machacados
el zumo de ½ limón

20 minutos • 2 raciones

1 Cocer los linguini siguiendo las instrucciones del envase. Mientras, calentar el aceite en una sartén antiadherente, y freír las láminas de calabacín con el chile y el ajo hasta que se doren bien. Sazonar.

2 Distribuir los linguini en dos cuencos, cubrirlos con el calabacín y exprimir por encima una de las mitades del limón a cada ración.

Para obtener láminas finas y largas de un trozo de queso parmesano, se puede emplear un pelapatatas.

Espaguetis con solomillo, tomates y aceitunas

150 g de espaguetis
200 g de solomillo de vacuno
100 g de tirabeques
100 g de tomates cherry
½ cebolla roja pequeña cortada en rodajas muy finas
2 cucharadas de aceite de oliva
12 aceitunas negras
un manojo pequeño de hojas de perejil picadas
1 chile rojo pequeño cortado en rodajas finas
100 g de rúcula
un puñado de hojas de albahaca
50 g de queso parmesano laminado

20 minutos • 2 raciones

1 Llevar una cacerola grande de agua a punto de ebullición, incorporar los espaguetis y cocerlos durante 8 minutos. Poner el solomillo sobre la pasta, bajar la temperatura, tapar y cocer a fuego lento durante 2 minutos para que quede poco hecho o durante 4 minutos para que quede en su punto. Si se prefiere el solomillo muy hecho, incorporarlo a los espaguetis después de transcurridos 6 minutos y cocer durante 6 minutos más.

2 Añadir los tirabeques, los tomates y la cebolla, tapar y cocer a fuego lento durante 1 minuto más.

3 Poner el solomillo sobre una tabla de cortar. Escurrir el agua de la mezcla de ingredientes con los espaguetis, y volver a poner estos en la cacerola con el aceite, las aceitunas, el perejil, el chile y la rúcula. Sazonarlos y mezclarlos bien.

4 Cortar el solomillo en lonchas finas con un cuchillo afilado. Añadirlas y mezclarlas con los espaguetis. Esparcir por encima las hojas de albahaca troceadas y las láminas de queso.

Se consigue el «corte mariposa» haciendo a las pechugas una incisión longitudinal. Pasarles un rodillo para aplastarlas un poco.

Pollo con romero y ensalada de tomates y garbanzos

2 pechugas de pollo con corte mariposa
el zumo de 1 limón
2 ramitas de romero para picar las hojitas
400 g de garbanzos en conserva escurridos y lavados
½ cebolla roja cortada en tiras
12 tomates cherry cortados por la mitad
2 cucharadas de aceite de oliva

20 minutos • 2 raciones

1 Poner las pechugas en un plato con la mitad del zumo de limón y el romero. Sazonarlas y dejarlas reposar durante 10 minutos. Mezclar los garbanzos con la cebolla, el tomate, el resto del zumo de limón y el aceite.
2 Asar las pechugas a la plancha, a la brasa o a la parrilla durante 5 minutos aproximadamente por cada lado hasta que estén en su punto. Servir con la ensalada de garbanzos.

Los langostinos crudos se estropean muy fácilmente. Debe evitarse comprar aquellos que tengan un fuerte olor a pescado.

Langostinos asados a la española

300 g de langostinos pelados
2 dientes de ajo cortados finamente
una pizca grande de guindilla molida
2 cucharadas de jerez (o fino)
2 cucharadas de aceite de oliva
un puñadito de hojas de perejil picadas

20 minutos • 2 raciones

1 Calentar el horno a 220 ºC. Distribuir los langostinos, el ajo, la guindilla, el jerez y el aceite en dos cuencos planos refractarios. Hornear durante 6-8 minutos hasta que se tornen rosados y crujientes. Esparcirles el perejil por encima y servir con pan rústico.

Durante la temporada de la cosecha del tomate hay numerosas variedades diferentes para escoger.

Tarta de tomate y pesto

1 lámina de hojaldre ya preparada
4 cucharadas de salsa pesto
2 cucharadas de queso mascarpone
6 tomates en rama cortados en rodajas
   finas

40 minutos • 4 raciones

1 Calentar el horno a 200 ºC. Estirar el hojaldre en una bandeja de pastelería y formar una arista a 1 cm del borde. Agujerear la masa con un tenedor y después hornearla durante 15-20 minutos hasta que se dore ligeramente.
2 Aplastar suavemente el centro de la masa. Cubrir con el pesto, esparcir el queso por encima y después disponer capas de rodajas de tomate. Hornear la tarta durante 10 minutos hasta que se asen los tomates y se derrita el queso.

La pasta de pesto clásico se prepara con albahaca, piñones, ajo, aceite de oliva y queso parmesano. Existen en el mercado otras variantes más económicas con peores ingredientes; lee las etiquetas con atención.

Tarta de pesto y patatas

400 g de patatas cortadas en rodajas finas
1 lámina de masa quebrada ya preparada
2-3 cucharadas de salsa pesto
3 cucharadas de queso parmesano recién rallado
1 huevo batido
un puñadito de hojas de albahaca

45 minutos • 4 raciones

1 Calentar el horno a 190 °C. Cocer las rodajas de patata a fuego lento durante 2 minutos y escurrirlas. Extender la masa en una bandeja de pastelería y doblar sus bordes para formar unas aristas.

2 Cubrir la base de la masa con una capa delgada de pesto y esparcir el queso por encima. Añadir capas de rodajas de patata. Sazonar. Pintar las aristas con el huevo. Hornear durante 25-30 minutos hasta que la masa se dore y esté crujiente, y las patatas estén hechas. Esparcir la albahaca a la tarta por encima antes de servir.

Esta receta puede prepararse también con filetes de pollo
a los que se habrá hecho un «corte mariposa» (véase p. 32).

Saltimbocca

2 escalopes de ternera de unos 150 g
cada uno
2 lonchas de jamón
2 hojas de salvia
2 rodajas de limón
1 cucharada de harina
aceite de oliva y mantequilla para freír
200 ml de vino marsala seco
polenta o puré de patata para servir

20 minutos • 2 raciones

1 Colocar cada escalope entre 2 trozos de film
transparente. Aplastarlos con un rodillo hasta que
tengan un grosor de unos 5 mm. Sazonarlos.
Cubrir cada uno con una loncha de jamón
y 1 hoja de salvia por encima. Poner una rodaja
de limón sobre la salvia y fijarlo todo con un
palillo. Espolvorear los escalopes preparados
con la harina por ambos lados.
2 Calentar un poco de aceite y un trocito
de mantequilla en un sartén. Freír los escalopes
durante 3 minutos aproximadamente por
cada lado hasta que se doren y se cocinen bien.
Añadir el vino a la sartén y dejar que burbujee
hasta que se espese y se reduzca más o menos
a la mitad. Sazonar y servir con puré de patata
o con polenta ligera.

El caramelo se prepara con mayor facilidad en una cacerola de acero inoxidable que en una antiadherente.

Panna cotta de limón con caramelo al limón

aceite de girasol para engrasar
375 ml de leche entera
375 ml de nata para montar
la ralladura de 1 limón
100 g de azúcar extrafino
2 cucharadas de gelatina en polvo
   o 4 láminas remojadas en agua fría

CARAMELO AL LIMÓN
100 g de azúcar extrafino
El zumo de 1 limón (el mismo de la
   ralladura)

30 minutos, más el tiempo
de refrigeración • 6 raciones

1 Untar 6 flaneras de 150 ml con un poco de aceite. Verter la leche y la nata en una cacerola. Añadir las ralladuras de limón y el azúcar. Llevar lentamente a ebullición y retirar del calor.

2 Verter 150 ml de la mezcla de leche en un bol pequeño, añadir la gelatina y disolver. Dejar reposar esta mezcla hasta que se enfríe a temperatura ambiente antes de infusionar con las ralladuras. Unir las dos mezclas y colarlas. Dejar enfriar hasta que se solidifique.

3 Mientras, para preparar el caramelo, calentar el azúcar en una cacerola hasta que se derrita y adquiera un color dorado uniforme. Retirar del fuego y añadir el zumo de limón. Volver a derretir el caramelo si se han formado grumos. Verterlo después en forma de hilos sobre un trozo de papel para hornear. Una vez fríos, partirlos en trozos. La panna cotta se sirve desmoldada en platos y decorada con los trozos de caramelo.

El extracto de vainilla se prepara con auténticas semillas de vainilla. Se debe evitar la esencia de vainilla, que es un saborizante artificial.

Helado de vainilla a la italiana

5 yemas de huevo
225 g de azúcar extrafino
500 ml de leche
125 g de nata líquida
1 cucharadita de extracto de vainilla
1 vaina de vainilla cortada en tiras finas

20 minutos, más el tiempo
de refrigeración • 6 raciones

1 Batir la yemas con el azúcar en un bol grande hasta que la mezcla se espese y adquiera un color amarillo claro. Calentar la leche a fuego lento en una cacerola y luego batirla con la mezcla de huevo. Volver a verterla en la cacerola después de enjuagada y cocinar a temperatura baja removiendo constantemente hasta que la mezcla esté lo bastante espesa para cubrir el reverso de una cuchara. No se debe dejar hervir porque se cuaja. Añadir la crema y el extracto de vainilla, y mezclar bien antes de poner a enfriar.
2 Pasar esta crema por un colador a una sorbetera o a una tarrina del congelador y revolver hasta que se hiele o se congele. Servir en bolas, en vasos enfriados y decorados con finas tiras de vaina de vainilla.

Para obtener los granos de la granada, se hace un corte en la parte superior del fruto y se desgaja en cuatro partes. Los granos saltan al separalos, por lo que hay que hacerlo sobre un bol.

Bulgur con feta y granada

200 g de trigo bulgur
1 cucharadita de pasta picante harissa
200 g de queso feta
los granos de 1 granada
1 zanahoria rallada
½ cebolla roja pequeña cortada
   en rodajas
100 g de remolacha cocida cortada
   en juliana
3 cucharadas de hojas de menta
   picadas
1 limón cortado en gajos para servir

30 minutos • 4 raciones

1 Poner el trigo bulgur en un bol y añadir agua hirviendo hasta cubrirlo. Dejarlo reposar durante 10-15 minutos hasta que se ablande y absorba el agua. Escurrir el exceso de líquido. Añadir la pasta picante y sazonar.
2 Mientras, desmenuzar el queso en un bol con los granos de la granada. Añadir la zanahoria y la cebolla y mezclar. Incorporar al bulgur y remover. Distribuir la mezcla en cuatro platos. Esparcirle por encima la remolacha y la menta, y servir con los gajos de limón.

Es posible encontrar melaza de granada —jarabe agridulce— en comercios de productos importados de Oriente Medio.

Pasta de garbanzos y granada con tostadas de pan de pita

6-8 panes de pita
100 ml de aceite de oliva virgen extra, más un poco para las tostadas
1¼ kg de garbanzos en conserva escurridos
el zumo de 1 limón
2 chiles rojos sin semilla y picados
1 diente de ajo muy picado
2 cucharaditas de comino en grano tostado en un sartén
1 cebolla roja pequeña picada
1 manojo pequeño de hojas de menta o de perejil picadas finamente
2 cucharadas de melaza de granada o de pasta de tamarindo diluidas en agua

30 minutos • 2 raciones

1 Calentar el horno a 200 °C/convección 180 °C/gas 6. Cortar los panes en triángulos y separar las capas. Untarlas con aceite, sazonarlas y hornearlas durante 7-8 minutos hasta que estén crujientes y doradas.
2 Poner los garbanzos, 100 ml de aceite, el zumo del limón, el chile y el ajo en un robot de cocina y triturarlos. Retirar la pasta del robot, y añadirle y mezclarle el comino, la cebolla y la menta o perejil. Sazonar. Rociar la pasta resultante con la melaza y servirla junto con las tostadas.

Puede añadirse al hummus un poco más de zumo de limón o de ajo,
o una pizca de chile en polvo, según el gusto.

Hummus

400 g de garbanzos en conserva
3 cucharadas de pasta tahini
1 diente de ajo machacado
el zumo de 1 limón
3 cucharadas de aceite de oliva
1 cucharadita de comino molido
pan de pita para servir

10 minutos • 4 raciones

1 Poner los garbanzos en un robot de cocina y
triturar hasta conseguir una pasta no demasiado
fina. Añadir el resto de los ingredientes
y 3 cucharadas de agua. Volver a pasarlos por
el robot hasta obtener la consistencia deseada.
Puede añadirse más agua si se quiere que sea
más cremoso.
2 Sazonar bien el hummus y ponerlo en una
fuente. Rociarlo con un poco de aceite de oliva
y servir con el pan de pita caliente.

La harissa es una pasta picante procedente de Marruecos que se prepara con chile, especias y ajo. Se puede adquirir en los supermercados.

Chuletas de cordero asadas con menta y cuscús de albaricoque

1 taza de cuscús (unos 140 g)
un puñado de orejones de albaricoques picados
1-2 cucharaditas de pasta picante harissa
6 chuletas de cordero pequeñas sin grasa
1 manojo de hojas de menta picadas
1 manojo de hojas de perejil picadas

20 minutos • 2 raciones

1 Poner el cuscús en un bol con los orejones y la mitad de la pasta harissa. Añadirl 1½ taza (360 ml aproximadamente) de agua hirviendo. Tapar y dejar reposar durante 5 minutos hasta que el cuscús absorba el agua.

2 Mientras, untar las chuletas con el resto de la pasta harissa y asarlas a la parrilla durante 3 minutos por cada lado hasta que estén bien hechas. Incorporar la menta y el perejil al cuscús, mezclar y servir con las chuletas.

Este es un kebab shish tradicional a la iraní. No es un kebab doner a la turca. Por lo tanto, se prepara con dados de cordero adobados y asados a la parrilla en lugar de con lonchas de carne.

Kebab de cordero

4 bistecs grandes de pierna de cordero
    cortados en trozos
1 cucharadita de comino molido
1 cucharadita de chile en polvo
1 diente de ajo machacado
el zumo de 1 limón
½ col lombarda cortada en juliana
½ cebolla roja finamente picada
4 panes de pita

SALSA DE YOGUR
200 ml de yogur natural espeso
¼ de pepino sin semillas rallado
½ diente de ajo machacado (opcional)

40 minutos • 4 raciones

1 Untar el cordero con el comino, el chile, el ajo y 1 cucharada de zumo de limón. Sazonarlo y dejarlo reposar durante 20 minutos.
2 Mezclar la col y la cebolla con el resto del zumo de limón y una buena pizca de sal. Ensartar los trozos de cordero en brochetas y asarlos a la parrilla o a la brasa durante 3-4 minutos por cada lado. Mezclar el yogur con el pepino y el ajo (si se quiere) y sazonar.
3 Calentar el pan, abrirlo por la mitad y rellenarlo con la mezcla de col. Distribuir el cordero entre los panes y cubrirlos con la salsa de yogur.

Si no se dispone de ramitas de romero, pueden utilizarse brochetas de madera previamente remojadas durante media hora.

Salchichas de cordero en brochetas de romero

8 salchichas de cordero
8 ramitas de romero, resistentes y largas
un puñado de hojas de menta picadas
200 ml de yogur griego
8 panes de pita

15 minutos • 4 raciones

1 Ensartar longitudinalmente una salchicha en cada ramito. Resulta más fácil si se practica primero un agujero en la salchicha con una brocheta. Mezclar la menta con el yogur y sazonar bien.

2 Calentar la barbacoa o la parrilla para asar las salchichas por ambos lados hasta que se doren y se cocinen bien. El tiempo depende del tipo de barbacoa, pero no se deben asar demasiado porque las brochetas de romero se pueden quemar. Tostar ligeramente los panes de pita en la barbacoa. Servir las salchichas con los panes y el yogur a la menta.

Comprar atún capturado con caña significa que ha sido pescado responsablemente sin perjudicar al resto de la vida marina.

Kebab de atún a la marroquí con cuscús

2 filetes de atún cortados en trozos grandes

2 cucharadas de pasta picante harissa, más un poco para servir

2 limones, uno para zumo y el otro para cortar en gajos

200 ml de caldo vegetal caliente —natural, de pastilla o concentrado—, al que se añade 1 cucharadita de comino molido

100 g de cuscús

1 manojo pequeño de hojas de menta picadas

20 minutos • 2 raciones

1 Mezclar el atún con la pasta harissa y 1 cucharada de zumo de limón. Dejarlos reposar 10 minutos. Verter el caldo caliente sobre el cuscús, taparlo y mantener en reposo durante 5 minutos. Remover con un tenedor.

2 Ensartar el atún en 4 brochetas y asarlas a la parrilla durante 1 minuto por cada lado. Mezclar el resto del zumo de limón y la menta con el cuscús. Servirlo con los kebabs de atún y con gajos de limón, y un poco más de pasta harissa aparte como acompañamiento.

Es preferible no quitar la piel a los salmonetes de roca; tendrán mejor aspecto, y los filetes se mantendrán enteros mientras se asan.

Salmonetes con chermoula

un puñado de hojas de perejil
   muy picadas
un puñado de hojas de cilantro
   muy picadas
2 dientes de ajo machacados
1 cucharadita de pimentón dulce
1 cucharadita de comino molido
la ralladura y el zumo de 1 limón
6 cucharadas de aceite de oliva
4 salmonetes grandes u 8 filetes
   pequeños con piel

15 minutos, más el tiempo para marinar
• 4 raciones

1 Para preparar la salsa chermoula para marinar, mezclar las hierbas aromáticas, el ajo, las especias, la ralladura y el jugo de limón, el aceite, y sal en escamas. Poner los salmonetes en un plato y verterles la salsa por encima. Dejarlos marinar hasta 1 hora.
2 Calentar la parrilla a temperatura alta. Sacar los salmonetes de la marinada y ponerlos en una bandeja para asar con la piel hacia arriba. Asarlos hasta que se doren. Verterles el sobrante de la marinada por encima y devolverlos a la parrilla para asarlos 1 minuto.

La remolacha siempre debe asarse con la piel para conservar sus jugos y su sabor.

Remolacha asada con feta y comino

500 g de remolachas pequeñas
cortadas por la mitad
2 cucharadas de aceite de oliva
2 cucharaditas de comino en grano
200 g de queso feta desmenuzado
una pizca de chile en escamas

1 hora • 4 raciones

1 Calentar el horno a 200 °C. Poner la remolacha en una bandeja para asar con el lado del corte hacia arriba. Calentar el aceite y el comino en un sartén, cocinarlos hasta que chisporroteen y después añadirles la remolacha. Sazonarla y hornearla durante 30 minutos. Esparcir el queso entre la remolacha y espolvorearla por encima con las escamas de chile antes de asarla durante 20 minutos más.

Los pimientos y las berenjenas asados pueden adquirirse ya listos en conserva. Hay buenas marcas en el mercado de estos productos.

Rollos de pimiento rojo, berenjena y queso de cabra

3 pimientos rojos grandes asados escurridos
125 g de queso de cabra cremoso
150 g de berenjena asada conservada en aceite escurrida
4 tomates en conserva
un puñado de hojas de albahaca desmenuzadas
un puñado de rúcula
aceite de oliva virgen extra y vinagre balsámico para rociar
pan de chapata tostado para servir

20 minutos • 2 raciones

1 Cortar los pimientos por la mitad y extender el queso sobre cada uno. Cubrirlos con una rodaja de berenjena, un poco del tomate y albahaca. Salpimentarlos y enrollarlos.
2 Distribuir los rollos de pimiento en dos platos. Decorarlos con la rúcula, y rociarlos con el aceite y el vinagre. Servir con el pan tostado.

El ajenuz puede adquirirse en grandes supermercados
o en tiendas de productos de la India.

Judías verdes con tomate y orégano

450 g de judías verdes
aceite de oliva para freír
1 cebolla roja picada finamente
2 dientes de ajo cortados en rodajas
2 cucharaditas de cúrcuma
2 cucharaditas de ajenuz
2 ramitas de orégano fresco
800 g de tomates cherry o pera

40 minutos • 6 raciones

1 Retirar las puntas de las judías y extraerles las hebras de los bordes externos. Trocearlas diagonalmente.
2 Calentar un buen chorro de aceite en una sartén honda, y añadir la cebolla y el ajo. Sofreír durante 4 minutos aproximadamente a temperatura baja hasta que se ablanden sin dorarse. Añadir las especias y remover. Incorporar el orégano y el tomate, y llevar a ebullición. Añadir las judías, taparlas y bajar la temperatura para que se cocinen a fuego lento. Cocerlas durante 30 minutos o hasta que se ablanden. En este punto, ya no tendrán un color verde brillante. Sazonarlas antes de servir.

Para que las espinacas pierdan la rigidez hay que ponerlas
en un escurridor de verduras y verterles por encima agua hirviendo.

Pilaf de espinacas, champiñones y limón

2 cebollas cortadas en rodajas finas
2 dientes de ajo machacados
50 g de mantequilla
150 g de champiñones cortados
    en láminas
1 trozo de canela en rama
4 clavos enteros
4 vainas de cardamomo majadas
250 g de arroz basmati
la ralladura y el zumo de ½ limón
450 ml de caldo vegetal natural,
    de pastilla o concentrado
200 g de espinacas lavadas y troceadas

30 minutos • 4 raciones

1 Sofreír la cebolla y el ajo en la mantequilla, en una cacerola grande y llana, hasta que se ablanden y se doren. Añadir los champiñones y cocinarlos hasta que estén blandos. Añadir las especias y cocinar durante 2 minutos. Incorporar el arroz, la ralladura de limón y el caldo, y remover. Tapar y cocinar durante 15 minutos aproximadamente a una temperatura moderada hasta que el líquido se absorba. Añadir y mezclar las espinacas y el zumo de limón, y tapar durante 2 minutos hasta que las espinacas pierdan la rigidez antes de servir.

Las ciruelas pasas listas para comer son más blandas y más jugosas que las deshidratadas, que requieren más tiempo en remojo.

Cordero especiado con ciruelas pasas y cuscús de pistachos

100 g de ciruelas pasas listas para comer troceadas
100 g de cuscús
150 ml de caldo vegetal caliente natural, de pastilla o concentrado
350 g de cuello de cordero cortado en lonchas gruesas
1 cucharada de pasta picante harissa
50 g de pistachos
un puñado de hojas de menta picadas
gajos de limón para servir

30 minutos • 2 raciones

1 Poner la ciruelas pasas en un tazón y cubrirlas con agua hirviendo. Poner el cuscús en un bol, y verterle el caldo por encima, taparlo y reservarlo. Mezclar el cordero con la pasta picante.

2 Calentar una sartén seca y cocinar los pistachos hasta que se empiecen a dorar. Sacarlos de la sartén y poner los trozos de carne de cordero. Freírlos durante 2-3 minutos por cada lado hasta que se doren bien. Añadir las ciruelas pasas con su líquido y dejar hervir, removiendo de vez en cuando, hasta que el cordero esté en su punto.

3 Mezclar los pistachos con el cuscús, y servir este cubierto con el cordero, las ciruelas pasas y la menta. Decorar con los gajos de limón para exprimirlas por encima.

Estos pimientos se pueden servir, calientes o fríos,
como parte del menú de un picnic o de un bufé.

Pimientos rellenos de arroz, piñones y eneldo

2 cucharadas de aceite de oliva,
 más un poco para rociar
1 cebolla picada finamente
4 cucharadas de piñones
1 cucharadita de pimentón dulce
 ahumado
1 cucharadita de canela molida
125 g de arroz basmati cocido
4 cucharadas de eneldo fresco picado
100 g de queso feta cortado en dados
2 pimientos rojos o amarillos cortados
 por la mitad

50 minutos • 2 raciones

1 Calentar el horno a 180 ºC. Calentar el aceite en una sartén y sofreír la cebolla a temperatura baja hasta que se dore. Añadir los piñones y dorarlos ligeramente. Incorporar las especias y sofreírlas durante 1 minuto. Añadir el arroz cocido y el eneldo; remover. Sazonar bien. Añadir poco a poco el queso.

2 Poner los pimientos con el corte hacia arriba en una bandeja de pastelería llana o en una bandeja para asar. Distribuir la mezcla preparada sobre ellos y rociarlos abundantemente con el aceite. Cubrirlos con papel de aluminio y asarlos durante 20 minutos, hasta que se ablanden. Retirar el papel de aluminio y asarlos durante 5 minutos más.

La ensalada tabulé clásica contiene una generosa proporción de hierbas aromáticas en relación con el trigo bulgur; por lo tanto, se deben emplear manojos de buen tamaño.

Tabulé

120 g de trigo bulgur
3 cebollinos finamente picados
200 g de tomates cherry cortados
   por la mitad o en cuartos
2 manojos grandes de hojas de menta
   picadas
1 manojo de hojas de perejil picadas
la ralladura y el zumo de 2 limones
aceite de oliva
lechuga para acompañar

35 minutos • 4 raciones

1 Remojar el bulgur de modo que quede cubierto con un par de centímetros de agua hirviendo durante 30 minutos. Cuando esté blando, lavarlo con agua fría y escurrirlo bien.
2 Mezclar el bulgur con los cebollinos, los tomates, la menta y el perejil. Añadir la ralladura y el zumo de limón, mezclar, sazonar bien y agregar un buen chorro de aceite. Poner el tabulé en una fuente y servirlo con hojas de lechuga alrededor, que servirán de cucharas.

El tajine recibe su nombre de unas grandes ollas cónicas de cerámica donde se cocina este plato tradicional. Una cacerola llana es un buen sustituto.

Tajine de vegetales con cuscús de almendras tostadas

2 cucharadas de aceite de oliva
2 cebollas muy picadas
2 cucharaditas de comino molido
2 cucharaditas de cilantro molido
2 dientes de ajo muy picados
3 cucharadas de pasta picante harissa
1 calabaza moscada pequeña pelada
    y troceada
4 zanahorias troceadas
600 ml de caldo vegetal
75 g de orejones
400 g de garbanzos escurridos
1 manojo de perejil picado
1 manojo de hojas de cilantro picadas

CUSCÚS
300 g de cuscús
600 ml de caldo vegetal natural,
    de pastilla o concentrado
4 cucharadas de almendras tostadas

1 hora y 15 minutos • 4 raciones

1 Calentar el aceite en un tajín o en una cacerola y sofreír la cebolla lentamente durante 10 minutos, hasta que se ablande. Añadir las especias molidas y el ajo, y sofreír durante 1 minuto. Incorporar la pasta harissa, remover y sofreír durante 2 minutos. Añadir la calabaza y la zanahoria. Verter el caldo, agregar los orejones y llevar a ebullición a fuego lento. Cocer a temperatura baja durante 25-30 minutos aproximadamente hasta que los vegetales se ablanden.

2 Mientras, poner el cuscús en un bol grande, poner a hervir el caldo y vertérselo por encima. Tapar el bol y dejarlo reposar durante 5-10 minutos. Remover suavemente el cuscús con un tenedor, y añadirle las almendras tostadas. Añadir los garbanzos al tajine y revolverlos con la mitad de las hierbas aromáticas. Sazonar y cocer a fuego lento durante 5 minutos. Poner cucharadas de cuscús en 4 boles y después servir cucharones de tajine por encima. Decorar con más hierbas aromáticas por encima.

Cualquier queso bueno para derretir es apropiado para esta receta.
Se puede probar con el emmental o el comte.

Patatas al ajillo y champiñones al gratín

450 g de patatas con alto contenido
   de almidón peladas
150 g de champiñones crema cortados
   en láminas gruesas
aceite de oliva para freír
1 hoja de laurel
200 ml de nata para montar
100 ml de leche
1 cucharadita de mostaza de Dijon
2 dientes de ajo ahumados picados
   o 1 diente de ajo natural picado
1 manojo pequeño de hojas de perejil
   picadas
50 g de queso de gruyère rallado

1 hora • 4 raciones

1 Calentar el horno a 180 ºC. Cocer las
patatas en agua hirviendo a fuego lento durante
5 minutos. Escurrirlas y cortarlas en rodajas.
Mientras, sofreír los champiñones en un poco
de aceite con el laurel hasta que se doren y se
haya evaporado toda la humedad. Colocar las
patatas con los champiñones en capas en una
bandeja para asar engrasada con mantequilla.
2 Mezclar la nata, la leche, la mostaza, el ajo
y el perejil, y sazonar. Verter esta salsa sobre
las patatas y los champiñones, esparcir el queso
por encima, y hornear durante 30-40 minutos
hasta que las patatas se ablanden y se doren
por arriba.

Para que el pollo se dore bien, se deben freír dos o tres piezas cada vez en la cacerola.

Pollo al vino con gratinado de patatas

aceite de oliva
25 g de mantequilla sin sal
4 lonchas de 75 g de beicon o de
    panceta cortadas en dados de 1 cm
350 g de cebollitas peladas
6 dientes de ajo en láminas
8 piezas de pollo (unos 2 kg)
2 cucharadas de harina sazonada
600 ml de vino tinto
1 cucharada de jalea de grosellas rojas
1 hoja de laurel, perejil, romero y salvia
175 g de champiñones

GRATINADO DE PATATA
(TORTA DE PATATA Y QUESO CON MANTEQUILLA)
75 g de mantequilla derretida, más
    un poco para engrasar
750 g de patatas con bajo contenido
    en almidón en rodajas de ½ cm
25 gramos de queso parmesano rallado

1½ hora • 4 raciones

1 Calentar el horno a 200 ºC. Calentar 1 cucharada de aceite y la mantequilla en una cacerola, y dorar unos 5 minutos el beicon y las cebollitas. Añadir el ajo y sofreírlo. Retirar la cacerola del fuego.

2 Enharinar el pollo y freírlo hasta que se dore. Ponerlo con el beicon en la cacerola. Añadir el vino y la jalea. Llevar a ebullición. Atar las hierbas aromáticas en un ramillete y ponerlo en la cacerola. Sazonar, tapar y asar al horno 1 hora. Añadir los champiñones pasados 30 minutos.

3 Para preparar la torta de patatas gratinadas engrasar con mantequilla un molde de 15 cm de diámetro y colocar capas de patatas. Rociarlas con la mantequilla derretida, esparcirles queso por encima y sazonarlas. Repetir el proceso hasta que se acabe la patata. Asar la torta junto con el pollo 40-50 minutos, hasta que se ablande. Desmoldarla en un plato.

4 Retirar el pollo, conservarlo caliente y reducir la salsa 5 minutos.

Hay que resistir la tentación de abrir el horno antes de tiempo
para mirar el suflé porque podría desinflarse.

Suflé doble de queso

25 g de mantequilla, más un poco
    para engrasar
25 g de harina
250 ml de leche
100 g de queso de cabra cremoso
    desmenuzado
50 g de queso parmesano rallado
2 cucharadas de cebolleta fresca picada
5 huevos con las yemas y las claras
    separadas

40 minutos • 4 raciones

1 Calentar el horno a 200 °C. Engrasar con mantequilla 4 moldes para suflé de 250 ml. Derretir la mantequilla en una cacerola, añadir la harina y mezclar; cocinar, removiendo, durante 1 minuto aproximadamente. Incorporar la leche despacio mientras se remueve constantemente para hacer una salsa espesa. Cocinar durante un par de minutos. Agregar los quesos y la cebolleta; mezclar bien. Añadir después 4 yemas de huevo, sazonar abundantemente y mezclar.
2 Batir las claras de huevo en otro bol, hasta que formen picos firmes de espuma a punto de merengue. Agregar este poco a poco y con cuidado a la mezcla de quesos, y verterla después en los moldes para suflé. Hornearlos durante 12-15 minutos hasta que se inflen y se doren.

Existen muchos tipos de alubia blanca, generalmente de textura muy suave. Se comercializa en grano seco y también en conserva.

Cacerola de butifarras y alubias blancas

6 butifarras
aceite de oliva para sofreír
6 lonchas de tocino entreverado
    picadas
1 puerro grande en rodajas
1 diente de ajo en láminas
1 vaso grande de vino blanco
200 ml de caldo de pollo natural,
    de pastilla o concentrado
una pizca de escamas de chile
    deshidratado
800 g de alubias blancas escurridas
    y lavadas
1 manojo pequeño de hojas de perejil
    picadas

40 minutos • 4 raciones

1 Dorar las butifarras con un poco de aceite. Retirarlas del fuego y trocearlas. Dorar el tocino en la misma cacerola. Añadir después el puerro y el ajo, y sofreír hasta que se ablanden. Volver a poner la butifarra en la cacerola e incorporar el vino, el caldo, el chile y las alubias. Cocer a fuego lento durante 10-15 minutos hasta que la butifarra esté bien cocinada. Sazonar y decorar con el perejil.

La cebolla común dorada es la mejor para esta receta
porque la cebolla roja o morada adquiere un color grisáceo
al sofreírla poco apetecible.

Sopa francesa de cebolla

50 g de mantequilla
1 kg de cebollas cortadas en rodajas
    finas
2 cucharadas de hojas de tomillo
3 cucharadas de jerez seco
1¼ l de caldo de carne natural,
    de pastilla o concentrado

PICATOSTES
1 baguette cortada en rebanadas
1 diente de ajo cortado por la mitad
aceite virgen extra para rociar
100 g de queso gruyère rallado

1 hora • 4 raciones

1 Calentar la mantequilla en una cacerola grande y sofreír suavemente la cebolla y el tomillo durante 20 minutos aproximadamente hasta que la primera se ablande sin llegar a dorarse. Subir un poco el fuego y sofreír durante 15 minutos hasta que la cebolla adquiera un color tostado, se ponga viscosa y oleaginosa. Se debe remover de vez en cuando para evitar que se pegue.

2 Añadir el jerez y hervir a fuego lento durante 2-3 minutos. Incorporar después el caldo y llevar a ebullición. Sazonar y hervir a fuego lento durante 10 minutos.

3 Mientras, tostar el pan, frotar cada rebanada con ajo y después rociarla con un poco de aceite. Esparcirles el queso por encima. Tostarlas a la parrilla hasta que se doren y se derrita el queso. Servir la sopa con los picatostes encima.

El crottin es un pequeño queso de cabra, de forma redonda,
un tanto achatado, con una corteza blancuzca mohosa.

Crottin a la parrilla con ensalada de pera y nueces

1 queso crottin cortado horizontalmente
   por la mitad
1 cucharada de vinagre de jerez
4 cucharadas de aceite de nuez
2 puñados de hojas para ensalada
   variadas
1 pera madura pelada y cortada
   por la mitad o en cuartos
nueces abiertas por la mitad y tostadas

10 minutos • 2 raciones

1 Calentar la parrilla a temperatura alta y dorar
el queso con el lado del corte hacia arriba.
Batir el vinagre con el aceite para preparar
un aliño.
2 Mezclar las hojas de lechugas en un bol
con la pera, las nueces y el aliño. Distribuir
en 2 platos. Poner encima a cada base
de ensalada una mitad del queso y servir.

Para preparar esta receta, el salmón ha de ser lo más fresco posible.
En la pescadería, se puede pedir que lo escamen y le retiren las espinas.

Salmón a la sal con ensalada de pepino

2 cucharadas de pimienta negra en grano
2 cucharaditas de semillas de hinojo
4 cucharadas de bayas de enebro
100 g de sal marina gruesa
75 g de azúcar blanquilla
la ralladura de 1 limón
2 cucharadas de eneldo fresco picado
1 trozo de salmón de 1,5 kg con piel
6 cucharadas de vodka
crème fraîche y pan de centeno para servir

ENSALADA DE PEPINO
1 pepino cortado a lo largo, en rodajas
2 cucharadas de eneldo fresco picado
2 cucharaditas de azúcar extrafino
2 cucharadas de vinagre de vino blanco
2 cucharaditas de granos de mostaza
    amarilla
2 cucharadas de aceite de oliva

20 minutos, más 48 horas en sal
• 6 raciones

1 Machacar los granos de pimienta, de hinojo y de enebro en un mortero. Añadir la sal, el azúcar, la ralladura de limón y el eneldo, y mezclar. Poner 2 trozos grandes de papel de aluminio uno encima del otro en una bandeja para asar y distribuir la mitad de la mezcla de sal en el centro.
2 Cortar el trozo de salmón en 2 mitades. Poner una de ellas con la piel hacia abajo sobre la sal. Esparcir por encima la otra mitad de la mezcla de sal y el vodka. Poner el otro trozo encima y envolverlos apretados en el aluminio, colocarles encima una tabla para cortar pesada y dejar en la nevera 2 días. Dar la vuelta cada 12 horas y escurrir cualquier jugo.
3 Para preparar la ensalada, espolvorear el pepino con 2 cucharaditas de sal, dejarlo reposar 1 hora en un escurridor. Enjuagarlo y secarlo. Batir el resto de los ingredientes y verterlos sobre el pepino.
4 Para servir el salmón, retirarle la sal y cortar en lonchas finas. Colocarlas en una fuente y servir con la ensalada de pepino, pan de centeno y crème fraîche.

Si se prepara la terrina con carne de cerdo picada la textura final
será más suave que si se hace con carne de cerdo troceada.

Terrina de cerdo y ternera con pistachos

50 g de mantequilla
1 cebolla finamente picada
2 dientes de ajo finamente picados
1 cucharada de semillas de hinojo
1 kg de carne de cerdo picada o en
   dados
4 cucharadas de coñac
la ralladura de 3 limones
4 cucharadas de hojas de tomillo
75 g de pistachos
1 huevo
12 lonchas de beicon entreverado
   sin ahumar
1 manojo pequeño de cebolletas
200 g de escalopes de ternera

20 minutos, más 1¼ hora en el horno
• 8 raciones

1 Calentar el horno a 180 °C. Derretir la
mantequilla en una sartén, y sofreír la cebolla
y el ajo. Añadir las semillas de hinojo. Enfriar.
2 Mezclar el cerdo con el coñac, las ralladuras
de limón, el tomillo y la mezcla de cebolla.
Sazonar. Añadir el huevo y mezclar.
3 Engrasar con mantequilla una terrina de
22 x 8 x 7 cm, o un molde rectangular para pan.
Cubrirla a lo ancho con las lonchas de beicon
y dejar que los extremos de estas sobresalgan
lo suficiente para cubrir luego el fiambre. Rellenar
la terrina con la mitad de la mezcla y añadir una
capa de cebolleta entera; después una capa
de escalopes de ternera. Rellenar hasta arriba
con el resto de la mezcla de cerdo y presionar
firmemente. Doblar las lonchas de beicon por
encima. Cubrir la terrina con un trozo de papel
engrasado con mantequilla; ceñirlo.
4 Hornearla durante 1 ¼ horas. Sacar la terrina
del horno y dejarla enfriar sobre una rejilla con
una tabla encima para comprimirla. Desmoldarla
y cortarla.

Esta receta es fácil de preparar para más comensales aumentando proporcionalmente los ingredientes.

Filete de cerdo y lentejas pardinas a la mostaza

aceite de oliva para freír
300 g de filete de cerdo sin grasa
2 cucharadas de mostaza en grano
200 g de lentejas pardinas
100 g de patatas troceadas
2 cebollas rojas pequeñas peladas
    cortadas en cuartos
6 tomates conservados en aceite,
    escurridos
2 ramitas de tomillo fresco
700 ml de caldo de carne natural,
    de pastilla o concentrado
3 cucharadas de perejil picado

45 minutos • 2 raciones

1 Calentar un poco de aceite de oliva en una sartén honda, sazonar el cerdo y esparcirle la mitad de la mostaza. Sofreírlo durante un par de minutos hasta que se dore ligeramente pero de manera uniforme. Retirarlo de la sartén y apartarlo.

2 Incorporar las lentejas, las patatas, las cebollas, los tomates y el tomillo a la sartén. Mezclar después el resto de la mostaza con el caldo y verter sobre la mezcla de lentejas. Cocer durante 15 minutos. Poner el filete de cerdo encima, tapar y guisar durante 15 minutos más.

3 Dejar reposar el filete durante 5 minutos antes de cortarlo. Aderezar la mezcla de lentejas con el perejil y servirlas con la carne de cerdo por encima.

Si no se encuentran en el mercado naranjas amargas,
se pueden emplear para este plato otras variedades.

Pollo estofado a la naranja amarga

25 g de mantequilla
1 pollo entero de 1,5 kg o 1 pintada
8 chalotas peladas
2 naranjas amargas cortadas en gajos
    gruesos
2 trozos de canela en rama
1 cucharada de miel
un manojo pequeño de perejil
250 ml de caldo de pollo natural,
    de pastilla o concentrado
patatas hervidas, arroz o cuscús
    para acompañar

1 hora y 25 minutos • 4 raciones

1 Calentar la mantequilla en una cacerola grande con tapa a temperatura media. Añadir el pollo y dorarlo completamente. Agragar las chalotas y los gajos de naranja. Dorarlos brevemente, y añadirles luego la canela, la miel y el perejil.

2 Incorporar el caldo y llevar a ebullición para después bajar el fuego. Tapar y dejar cocer a fuego lento durante 50-60 minutos hasta que el pollo esté tierno. Los jugos deben verse claros cuando se pincha con una brocheta la parte gruesa de la carne del muslo. Si brota jugo de color rosa, se debe cocer un rato más.

3 Sacar el pollo de la cacerola y hervir el jugo a fuego vivo durante un par de minutos, sin tapa, para preparar una salsa espesa. Retirarla de la cacerola, y eliminar las especias y el perejil.

4 Trinchar el pollo o dividirlo en raciones con unas tijeras de cocina para cortar aves. Servirlo con la salsa, los gajos de naranja y las chalotas. Se acompaña bien con patatas hervidas, arroz o cuscús.

Este pollito se sirve entero, o trinchado en mitades o en cuartos con tijeras para cortar aves. Hará falta un picantón por persona.

Pollo picantón asado relleno de patata y aderezo de ajo

700 g de patatas sin pelar en dados
8 hojas de laurel finamente picadas
8 dientes de ajo machacados
8 pollos picantones de 400-450 g
8 lonchas de beicon
aceite de oliva
25 g de harina
300 ml de caldo vegetal o de pollo natural, de pastilla o concentrado
200 ml de vino blanco
1 manojo pequeño de hojas de cilantro
6 cucharadas de hojas de perejil picadas
el zumo de 1 limón
2 dientes de ajo

1¾ hora • 8 raciones

1 Calentar el horno a 190 °C. Cocer la patata en agua hirviendo 3 minutos. Escurrirla y añadirle el laurel, el ajo y sal.

2 Limpiar bien los picantones y rellenarlos con la mezcla de patata. Sazonar. Colocar una loncha de beicon sobre cada pollo picantón.

3 Verter un poco de aceite en una bandeja para asar grande, colocar los pollos picantones y hornearlos unos 40 minutos. Comprobar que estén asados pinchando los muslos con una brocheta. Sacar los picantones de la bandeja y conservarlos calientes.

4 Espolvorear la harina en la bandeja y mezclarla bien con los jugos. Batir el caldo y el vino. Llevarlos a ebullición a fuego lento; remover bien. Hervir unos 2 minutos hasta que la salsa se espese un poco. Colarla y mantenerla caliente. Batir el cilantro, el perejil, el zumo del limón y el ajo con 5 cucharadas de aceite de oliva. Servir los pollos picantones con la salsa y este aceite.

Los tiempos de cocción de un filete dependen de su grosor;
por lo tanto, hay que comprobar su textura presionándolo.

Filete a la pimienta

1 cucharada de granos de pimienta
    negra, verde o mezcla machacados
    en mortero
2 filetes de 175 g de solomillo con
    un buen entreverado de grasa
1 cucharadita de mantequilla
2 cucharadas de coñac
2 cucharadas de vino tinto
4 cucharadas de nata líquida

20 minutos • 4 raciones

1 Incrustar los granos de pimienta machacadas en ambos lados de los filetes.

2 Calentar un sartén grande a temperatura media-alta y añadir la mantequilla. Cuando esta haga espuma, espolvorear sal sobre los filetes antes de ponerlos en el sartén. Freírlos durante 2 ½ minutos por cada lado si se prefieren poco hechos; cocinar más si se prefieren más hechos.

3 Verter el coñac y dejar que burbujee un par de minutos. Sacar los filetes y dejarlos reposar sobre una plancha caliente.

4 Verter el vino en la sartén, y mezclarlo con los jugos de la carne. Añadir la nata, y dejar hervir suavemente hasta que espese la salsa. Si se corta y parece cuajada, agregar un poco de agua y remover enérgicamente. Colocar los filetes en platos calientes, cubrirlos con la salsa, y servirlos con patatas fritas y tomatitos en rama.

En la preparación del tartiflette clásico (gratín de patatas con queso y tocino) se emplea queso reblochon, un queso francés semi cremoso, pero puede obtener, se puede sustituirse por un brie o un camembert.

Gratinado de patatas con tocino y queso

750 g de patatas peladas y cortadas
    en rodajas gruesas
200 g de tocino, o de beicon cortado
    en dados
aceite de oliva para freír
2 cebollas cortadas por la mitad
    y en rodajas finas
mantequilla
300 g de queso reblochon o brie
    sin corteza y en láminas
300 ml de nata para montar

1 hora • 4 raciones

1 Calentar el horno a 190 °C. Poner las patatas en una cacerola grande con agua hirviendo, cocerlas durante 5 minutos y escurrirlas bien. Sofreír el tocino en un poco de aceite hasta que esté dorado y crujiente. Sacarlo del sartén, añadir la cebolla y sofreírla durante 10 minutos aproximadamente hasta que esté blanda.
2 Engrasar bien una bandeja de pastelería con la mantequilla. Distribuir la patata, la cebolla, el tocino y el queso en capas. Sazonar un poco cada una de las capas. Verterles la nata por encima.
3 Hornear durante 30-40 minutos hasta que las patatas se ablanden, y la costra del tartiflette se derrita y se dore.

El atún que se corta en filetes y se envasa a mano tiene una consistencia firme, que permite conseguir trozos grandes. La mayoría de los supermercados venden este producto en tarro o en lata.

La mejor ensalada Niçoise

100 g de judías verdes troceadas
4 huevos
4 patatas nuevas medianas, cocidas
  y cortadas en rodajas
8 tomates cherry cortados por la mitad
un puñado de hojas de lechuga
400 g de atún al natural en lata,
  escurrido y en trozos grandes
4 filetes de anchoa
16 aceitunas
4 cucharadas de aceite de oliva
2 cucharadas de vinagre de vino blanco

30 minutos • 4 raciones

1 Hervir agua en una cazuela y dar un ligero hervor a las judías. Escurrirlas y refrescarlas con agua fría del grifo. Reducir la temperatura, añadir los huevos a la cacerola y cocerlos a fuego lento durante 5-6 minutos, o durante 3-4 minutos si las yemas se prefieren más líquidas. Sumergirlos en agua fría hasta que sea posible manipularlos. Escurrirlos, quitarles la cáscara y cortarlos en cuartos.
2 Mezclar en un bol grande las judías y las patatas con los tomates, la lechuga, el atún, las anchoas y las aceitunas. Aderezar con el aceite y el vinagre mezclados, sazonar y remover con cuidado. Servir con los trozos de huevo por encima.

Los blinis pueden acompañarse también con trucha ahumada caliente o con caviar de lumpo, por ejemplo.

Blinis con salmón ahumado y nata al limón

70 g de harina
70 g de harina de trigo sarraceno
$1/3$ de cucharadita de levadura en polvo
$1/3$ de cucharadita de levadura seca
175 ml de leche caliente
1 huevo
1 cucharadita de mantequilla derretida, más un poco para freír
salmón ahumado para servir
crème fraîche o nata con unas gotas de limón para servir

30 minutos • 30 blinis aproximadamente

1 Tamizar las harinas y la levadura en polvo. Separar la yema de la clara del huevo.

2 Mezclar la levadura seca con la leche e incorporar la mezcla de harinas. Agregar después la yema de huevo y mezclar. Batir todo con los demás ingredientes hasta que quede una masa cremosa. Añadir la mantequilla derretida y remover.

3 Batir la clara de huevo hasta que forme picos de espuma firmes a punto de merengue, y verterla en la masa. Mezclar poco a poco tratando de que no pierda volumen.

4 Calentar un poco de mantequilla en una sartén. Con la ayuda de una cucharita verter pequeñas cantidades de la masa en la sartén. Freír los blinis hasta que comiencen a formarse burbujas en su superficie. Cocinarlos por el otro lado. Servir estas pequeñas crepes eslavas con nata a la que se habrán añadido unas gotas de limón y con salmón ahumado.

Puede variarse el sabor de este postre si se le añade una cucharada de licor triple seco, de crema irlandesa o de licor de café.

Vasito de chocolate

280 ml de nata líquida, más un poco
    para servir (opcional)
100 g de chocolate amargo con 70 %
    de cacao y troceado
2 yemas de huevo
1 cucharada de azúcar extrafino
½ cucharadita de extracto de vainilla

20 minutos, más 1 hora en el horno
• 4 raciones

1 Calentar el horno a 140 ºC. Calentar la nata hasta que esté casi a punto de ebullición y retirarla del fuego. Añadir el chocolate y remover hasta que se disuelva.

2 Batir las yemas de huevo, el azúcar y la vainilla en un bol. Verterlos después sobre la crema de chocolate y mezclarlos bien. Probar el punto de azúcar y añadirle más, si se desea. Pasar esta mezcla por un colador a una jarra. Distribuirla en cuatro vasitos o tazas para café refractarios y colocarlos dentro de una bandeja honda refractaria. Verter agua hirviendo en la bandeja hasta media altura de los vasos. Ponerla con cuidado en el horno para espesar la crema, durante 1 hora.

3 Retirar los vasos del baño María, refrescarlos y dejarlos enfriar durante 3 horas por lo menos y hasta 3 días como máximo. Servirlos así o con un cordón de nata líquida por encima.

Para obtener una base crujiente para estos crepes, se coloca la masa en una bandeja de pastelería, y esta se pone después dentro del horno encima de otra caliente.

Tartita de hojaldre de pera y tofee

2 peras pequeñas maduras
1 lámina de hojaldre ya preparada
    cortada en 4 círculos
2 cucharadas de dulce de leche u otra
    crema de leche espesa
1 huevo batido
crème fraîche para servir

40 minutos • 4 raciones

1 Calentar el horno a 200 ºC. Pelar las peras, cortarlas longitudinalmente por la mitad y quitarles el centro, antes de hacerles varios cortes longitudinales, aunque dejándolas unidas por el extremo del tallo.

2 Colocar los círculos de hojaldre en una bandeja de pastelería. Verter ½ cucharada de dulce de leche en el centro de cada uno y disponerle encima una pera abierta en forma de abanico. Pintar los bordes con huevo batido y hornear durante 20-25 minutos hasta que la masa crezca y se dore. Servir las tartitas con una cucharada colmada de crème fraîche, o de crema de leche con unas gotas de limón.

Existen en el mercado diferentes tipos de pasta de curry, algunas muy picantes y otras más suaves. Asegúrate de que compras la más adecuada a tu gusto leyendo las etiquetas.

Curry de tomate, calabaza y espinacas

1 cebolla grande cortada por la mitad
  y después en rodajas
1 cucharada de aceite
2 cucharadas de pasta de curry
  de Madrás
1 calabaza moscada pequeña, de 500 g
  aproximadamente, pelada y troceada
5 tomates cortados en cuartos
500 g de espinacas picadas
arroz basmati cocido al vapor
  para servir

30 minutos • 4 raciones

1 Sofreír la cebolla en el aceite durante
5 minutos, hasta que se ablande. Añadir la
pasta de curry y sofreír durante 3 minutos más.
Incorporar la calabaza, el tomate y 200 ml
de agua.
2 Tapar y cocer a fuego lento durante
15 minutos, hasta que la calabaza esté tierna y
los tomates se deshagan. Añadir las espinacas
y remover; dejar reposar durante un par de
minutos para que las espinacas pierdan la
rigidez. Sazonar y servir, acompañado del arroz
basmati al vapor.

Las lentejas rojas son muy valoradas por sus propiedades nutritivas. Originarias de la India, también se les llaman masoor dal o lenteja egipcia.

Dal con leche de coco

250 g de lentejas rojas
400 ml de leche de coco
2 cebollas, 1 picada finamente
    y 1 cortada en rodajas
2 tomates medianos troceados
2-3 chiles verdes cortados en rodajas
1 cucharadita de cúrcuma
4 cucharadas de aceite
un puñado de hojas de árbol de curry
    frescas que se pueden obtener en
    los comercios asiáticos, aunque se
    pueden sustituir por hojas de cilantro
2 cucharaditas de mostaza negra en
    grano
pan naam o pita para servir

30 minutos • 4 raciones

1 Poner las lentejas, la leche de coco, la cebolla picada, el tomate, el chile y la cúrcuma en una cacerola con 300 ml de agua; sazonar y cocer a fuego lento durante 20 minutos hasta que las lentejas se ablanden. Sofreír las rodajas de cebolla en el aceite hasta que queden tostadas, añadirles después las hojas de curry —o de cilantro— y la mostaza, y sofreír hasta que chisporroteen. Verterlas sobre las lentejas y servir con pan tipo naam.

Para potenciar el sabor del pollo, es necesario que este se dore
por todos los lados en el horno.

Pollo tikka masala

4 pechugas de pollo cortadas
en 4-6 trozos
4 cucharadas de pasta de curry tikka
masala
mantequilla

SALSA
aceite para sofreír
1 cebolla muy picada
1 cucharada de mezcla de especias
garam masala
400 g de tomate triturado en lata
2 cucharaditas de puré de tomate
2 cucharaditas de azúcar
150 l de nata para montar
1 cucharada de almendra molida

1 hora • 4 raciones

1 Poner el pollo en un bol y añadir 4 cucharadas
de pasta de curry, mezclarlos bien y dejar reposar
durante 1 hora.

2 Calentar el horno a 220 °C. Mientras, para
preparar la salsa, calentar un poco de aceite
en una sartén y sofreír la cebolla hasta que se
ablande y se empiece a dorar. Añadir la garam
masala y sofreír durante 1 minuto. Incorporar el
tomate triturado y el puré con el azúcar, y cocinar
a fuego lento durante 10-15 minutos hasta que
la salsa se espese. Añadir entonces la nata
y la almendra, y cocer a fuego lento durante
2-3 minutos.

3 Distribuir los trozos de pollo en una parrilla
sobre una bandeja para asar y hornear durante
15 minutos hasta que estén bien dorados y
hechos. Colocarlos en la salsa, y añadirles
y revolverles sal, un poquito de mantequilla y
cilantro. Remover bien antes de servir.

Es posible adquirir harina de garbanzo en algunos supermercados, pero especialmente en tiendas de alimentación asiáticas o de la India.

Buñuelos indios de espinacas con salsa de yogur

500 g de espinacas descongeladas
    y bien escurridas
170 g de harina de garbanzo (besan
    o chana) o harina de trigo
1 cebolla roja picada finamente
3 dientes de ajo machacados
1 cucharadita de comino molido
aceite para freír

SALSA DE YOGUR
aceite para freír
2 cucharaditas de mostaza negra
    en grano
un puñado de hojas frescas de árbol
    de curry o de cilantro
2 dientes de ajo machacados
1 cucharadita de cúrcuma
1-2 chiles verdes muy picados
250 g de yogur griego

30 minutos • 4 raciones

1 Mezclar las espinacas con la harina, la cebolla, el ajo, el comino, el cilantro y una pizca de sal hasta formar una pasta cremosa que se pueda amasar fácilmente. Si se desea, añadir más harina o agua. Formar con la pasta bolas del tamaño de una nuez.

2 Para preparar la salsa, calentar un poco de aceite en una sartén y añadir la mostaza, las hojas de curry o de cilantro, el ajo, la cúrcuma y el chile. Sofreír brevemente hasta que se tuesten bien. Retirar del calor, añadir el yogur y remover bien.

3 Calentar un poco de aceite en un wok o en una sartén honda y freír los buñuelos por tandas, con poca cantidad de aceite, hasta que se doren por completo sin quemarse. Necesitan tiempo suficiente para cocinarse bien por dentro, 6-8 minutos aproximadamente por tanda. Conservar los buñuelos calientes en todo momento. Servirlos con la salsa de yogur y un poco de pan naam.

Para preparar este delicioso plato se puede emplear cualquier pescado blanco de carne firme.

Curry de pescado

1 cebolla muy picada
aceite de oliva para freír
2 cucharadas de pasta de curry Madrás
800 g de tomate triturado
450 g de pescado blanco sin piel
    y troceado
un puñadito de hojas de cilantro
pan naam o arroz basmati para servir

30 minutos • 4 raciones

1 Sofreír la cebolla con un poco de aceite en una cacerola grande hasta que se ablande. Añadir después el curry y sofreír durante 2 minutos. Incorporar el tomate remover y dejar a fuego lento durante 10 minutos, hasta que la salsa se reduzca y se espese.
2 Añadir el pescado y dejar cocer suavemente a fuego lento durante 3-4 minutos, hasta que esté bien cocinado. Esparcir el cilantro por encima de los trozos de pescado y servir con pan naam o con arroz basmati cocido al vapor.

Si se compran las especias en grano duran más, y al tostarlas
se libera mejor su potencial aromático. Después se muelen
en un molinillo de café o con mortero.

Curry saag de cordero

3 dientes de ajo pelados
un trozo de raíz de jengibre de unos
    4 cm picado finamente
2-3 chiles verdes picados finamente
1 cebolla grande picada finamente
aceite para freír
750 g de espaldilla de cordero sin grasa
    y troceada
2 cucharaditas de comino en grano
    tostado y molido
2 cucharaditas de cilantro en grano
    tostado y molido
1 cucharadita de cúrcuma
2 vainas de cardamomo aplastadas
    con la hoja de un cuchillo
4 tomates grandes cortados en cuartos
300 ml de caldo de cordero de pastilla
200 g de espinacas lavadas y picadas
hojas de cilantro para la guarnición
pan naam o arroz basmati para servir

1 hora y 45 minutos • 4 raciones

1 Picar el ajo, el jengibre, el chile y la cebolla
en un robot de cocina para hacer un puré,
aunque se pueden emplear muy picaditos.
2 Calentar un poco de aceite en una cacerola
grande. Dorar bien el cordero y después retirarlo
y reservarlo. Sofreír las especias en la misma
cacerola durante un par de minutos hasta
que dejen escapar su aroma. Añadir el puré de
cebolla y sofreírlos durante 2 minutos. Añadirles
el cordero, el tomate y el caldo. Remover, tapar
y cocer durante 45 minutos.
3 Añadir las espinacas, remover, y guisar
durante 45 minutos más o hasta que el cordero
esté muy tierno. Esparcir las hojas de cilantro
por encima. Servir con pan naam o con arroz
basmati al vapor.

El paneer es un queso indio de textura suave que conserva su forma cuando se cocina.

Curry de guisantes y tomate

1 cebolla picada
un trozo de raíz de jengibre de unos
    4 cm picado
1 diente de ajo
250 g de queso paneer troceado
aceite para freír
2 cucharaditas de mezcla de especias
    garam masala
½ cucharadita de cúrcuma
una pizca de chile en polvo o cayena
4 tomates picados finamente
300 ml de caldo vegetal de pastilla
    o concentrado (también se puede
    emplear agua)
300 g de guisantes descongelados

40 minutos • 4 raciones

1 Pasar la cebolla, el jengibre y el ajo por un robot de cocina para hacer un puré. Sofreír el queso en 2 cucharaditas de aceite hasta que se dore bien y retirarlo. Sofreír el puré de cebolla durante 5 minutos aproximadamente hasta que deje escapar su aroma. Añadir las especias. Remover, e incorporar el tomate y el caldo; cocer a fuego lento durante 10 minutos hasta que se espese. Agregar el queso y los guisantes, y dejar al fuego durante 5 minutos más.

Si no se dispone de una batidora, los ingredientes de la mezcla
de coco se pueden picar finalmente por separado y luego mezclarlos.

Curry de gambas

400 ml de leche de coco

3 chiles verdes

1 manojo de hojas de cilantro picadas

aceite para freír

1 cebolla cortada en rodajas

1 trozo de 2 cm de raíz de jengibre
    rallada

2 dientes de ajo cortados en láminas

2 cucharaditas de mezcla de especias
    garam masala

1 cucharadita de cúrcuma

400 g de gambas grandes crudas
    y peladas

chile rojo para la guarnición (opcional)

cuñas de lima o de limón y arroz
    basmati para servir

20 minutos • 4 raciones

1 Poner en una batidora un poco de leche
de coco, los chiles verdes y la mayor parte del
cilantro para hacer una pasta. Añadir el resto
de la leche de coco y volverla a batir.

2 Calentar un poco de aceite en una sartén
y sofreír la cebolla durante 1-2 minutos hasta
que se ablande. Añadir el jengibre y el ajo,
y sofreír durante otro minuto. Incorporar la
mezcla de especias y la cúrcuma; remover
bien. Agregar la mezcla de coco, llevar la nueva
mezcla a ebullición y cocer a fuego lento durante
10 minutos.

3 Añadir las gambas, remover y cocinar
durante 3 minutos o hasta que estén hechas.
Agregar el resto del cilantro. Poner encima de
las gambas el chile rojo, en el caso de emplearlo,
y servirlas con arroz basmati y las cuñas de lima
o de limón.

Antes de tostar el pan naam ha de rociarse con un poco de agua;
así tendrá más cuerpo y estará más crujiente.

Garbanzos especiados con pollo asado al tandoor

400 g de garbanzos en conserva
1 tomate maduro picado
un puñadito de hojas de espinacas
 baby troceadas
200 ml de caldo vegetal natural,
 de pastilla o concentrado
1 cucharada colmada de pasta de
 curry suave korma o de pasta
 de curry picante kashmiri
1 pechuga de pollo asada al horno
 tandoor o asada a la tikka
un puñado de hojas de cilantro;
 la mitad picadas
3 cucharadas de yogur natural
pan naam tostado para servir

20 minutos • 2 raciones

1 Escurrir y lavar los garbanzos. Ponerlos en un bol, y añadirles el tomate y las espinacas. Llevar el caldo a ebullición con la pasta de curry. Verterlo sobre la mezcla de garbanzos y remover de inmediato.

2 Cubrir el bol con film transparente bien firme y dejar que reposar durante un par de minutos hasta que las espinacas pierdan la rigidez.

3 Mientras, cortar el pollo asado. Mezclar aparte el cilantro picado con el yogur.

4 Sazonar la mezcla de garbanzos y caldo, y servir varias cucharadas en 2 cuencos. Colocar arriba pedazos de pollo, bañarlos con el yogur y decorar con hojas de cilantro por encima. Servir con pan naam tostado.

Para preparar esta receta también se pueden emplear otras variedades de lentejas de pequeño tamaño, como la verdina.

Salmón especiado con lentejas pardinas y yogur a la menta

100 g de lentejas pardinas
1 limón, ½ para zumo y ½ para gajos
½ diente de ajo machacado
2 filetes de salmón sin piel
½ cucharadita de mezcla de especias garam masala
1 manojo pequeño de hojas de menta picadas
150 g de yogur natural desnatado
1 manojo pequeño de hojas de perejil picado finamente

25 minutos • 2 raciones

1 Hervir las lentejas hasta que se ablanden, unos 15 minutos. Escurrirlas y mezclarlas después con el zumo de limón, el ajo y algo de condimento cuando aún estén calientes.

2 Mientras, calentar la parrilla a temperatura alta. Poner el salmón en una fuente para asar antiadherente y espolvorearlo con la mezcla de especias. Asarlo a la parrilla durante 5 minutos hasta que la parte superior se dore y esté bien cocinado.

3 Batir la mitad de la menta con el yogur y sazonar. Mezclar las lentejas con el resto de la menta y el perejil. Trocear el salmón y mezclar con las lentejas. Servir con el yogur a la menta y los gajos de limón.

El cordero ha de quedar bien dorado porque así le aporta sabor al plato una vez terminado.

Cordero especiado con nata y almendra

8 dientes de ajo pelados
1 trozo de 3 cm de raíz de jengibre pelada y picada finamente
100 g de almendras con piel
aceite vegetal para freír
1 kg de espaldilla o pierna de cordero deshuesada y cortada en dados grandes
1 cebolla picada finamente
10 vainas de cardamomo
4 clavos machacados
1 trozo de canela en rama
1 cucharadita de cilantro molido
2 cucharaditas de comino molido
½ cucharadita de chile en polvo o cayena
290 ml de nata líquida
½ cucharadita de mezcla de especias garam masala
un puñado de hojas de cilantro para decorar

1½ hora • 4 raciones

1 Procesar el ajo, el jengibre y la almendra y 100 ml de agua en una batidora.
2 Calentar un poco de aceite en una cacerola grande y dorar la carne por todos los lados y por tandas. Retirarla y poner a dorar la cebolla en la cacerola. Añadir el cardamomo, el clavo y la canela, y remover. Incorporar la pasta de almendras y el resto de los condimentos, excepto la mezcla de especias. Remover 2-3 minutos, hasta que se haya dorado un poco. Añadir la carne y su jugo, un poco de sal, la nata y 100 ml de agua. Llevar a ebullición.
3 Tapar la cacerola y cocer a fuego lento 1 hora o hasta que la carne se ablande, removiendo de vez en cuando. Si la salsa está demasiado líquida destapar; si está demasiado espesa, añadir. Desgrasar la salsa antes de añadirle la mezcla de especias. Para servir decorar con las hojas de cilantro.

Se debe emplear boniato de pulpa anaranjada para este plato a fin de obtener el mejor contraste de color. Si se tiene duda en el momento de comprar, basta con raspar la piel para comprobar su color.

Curry de espinacas y boniatos

1 cebolla picada finamente
aceite para freír
2-3 cucharadas de pasta de curry
    Madrás
400 g de leche de coco en lata
2 boniatos pelados y troceados
200 g de espinacas lavadas y troceadas
4 panes naam calientes

30 minutos • 4 raciones

1 Sofreír la cebolla en aceite durante 8 minutos aproximadamente hasta que se ablande.
Añadir la pasta de curry, remover y sofreír durante 2 minutos. Agregar la leche de coco y el boniato, y cocer durante unos 10 minutos, hasta que el boniato esté blando. Incorporar las espinacas y remover hasta que pierdan la rigidez. Servir con pan naam.

¿No es época para barbacoas? Entonces calienta una plancha
al rojo vivo y asa las chuletas durante 2-3 minutos por cada lado.

Chuletas de corderos asadas a la tandoor con ensalada de patatas y menta

12 chuletas de cordero sin grasa
2 cucharaditas de raíz de jengibre rallada
3 dientes de ajo
1 chile verde grande picado
4 cucharadas de hojas de cilantro picadas
el zumo de ½ limón
125 g de yogur natural
1 cucharada de puré de tomate
1 cucharada de mezcla de especias
   garam masala

ENSALADA DE PATATAS Y MENTA
500 g de patatas nuevas en rodajas
125 g de yogur natural
1 diente de ajo machacado
2 cucharadas de aceite de oliva virgen
   extra
2 cucharadas de hojas de menta picadas

30 minutos, más el tiempo del adobo
• 4 raciones

1 Prensar las chuletas con capas de film transparente hasta que se aplanen ligeramente. Mezclar el resto de los ingredientes —excepto los de la ensalada— y verterlos en una bolsa de plástico para que las chuletas queden bien cubiertas. Dejarlas en adobo por lo menos durante 1 hora dentro de la bolsa.

2 Mientras, hervir las patatas 8-10 minutos o hasta que se ablanden. Mezclar el yogur, el ajo, el aceite y la menta en un bol lo bastante grande para contener las patatas. Sazonar. Añadir las patatas al bol y mezclar con el aderezo de yogur.

3 Sacar las chuletas de la bolsa y asarlas en la parte más caliente de la barbacoa durante 3 minutos por cada lado para que queden un poco crudas en el centro, pero muy tostadas en los bordes. Servir 2-3 chuletas por persona con la ensalada de patatas.

Cuando se dispone de un poco más de tiempo, se pueden adobar los muslos de pollo durante una hora en una cucharada de pasta de curry para potenciar el sabor.

Curry muy rápido de pollo

aceite para sofreír
1 cebolla picada
2 cucharadas de pasta de curry Madrás
4 muslos de pollo o 4 filetes de muslo
   de pollo sin piel
4 tomates troceados
100 g de hojas de espinacas tiernas
4 cucharadas de yogur natural
un puñado de hojas de cilantro
arroz basmati o pan naam para servir

30 minutos • 4 raciones

1 Calentar un poco de aceite en una sartén honda antiadherente con tapa y añadir la cebolla. Sofreírla durante 3 minutos aproximadamente hasta que esté blanda y agregar después la pasta de curry y remover durante 1 minuto. Incorporar el pollo, el tomate y un chorrito de agua, tapar y cocinar durante 15-20 minutos. Añadir las espinacas y remover hasta que pierdan la rigidez. Agregar el yogur y el cilantro, y mezclar sazonar el curry antes de servir con arroz basmati o pan naam.

Aquellos a quienes no les guste la coliflor, pueden sustituirla
por trozos grandes de patata.

Curry de coliflor y espinacas

1 cebolla cortada en rodajas
aceite para sofreír
2 cucharadas de pasta de curry;
    una pasta rogan josh a base de
    mantequilla clarificada estaría bien
1 coliflor pequeña con los floretes
    del tamaño de un bocado
3 tomates pera maduros cortados
    en cuartos, o 400 g enlatado
100 g de espinacas troceadas
pan naan para servir

30 minutos • 2 raciones

1 Sofreír la cebolla en 2 cucharadas de aceite
durante 7 minutos aproximadamente hasta que
se ablande y se dore. Añadir la pasta de curry
y sofreír durante un par de minutos hasta que
deje escapar su aroma.
2 Añadir la coliflor, el tomate y 300 ml de agua,
y llevar a ebullición. Bajar el fuego y guisar
suavemente 10-15 minutos, hasta que los
tomates se deshagan y la coliflor se ablande.
Agregar las espinacas y remover hasta que
pierdan la rigidez. Servir con pan naam caliente.

Para evitar que las chuletas se curven en la sartén, hay que hacerles unos cortes con tijera en el lado de la grasa y freírlas a fuego lento.

Chuleta de cerdo crocante al estilo sureño con salsa de mango

1 cucharada de chile en polvo
½ cucharadita de sal
½ cucharadita de azúcar
2 cucharadas de aceite de oliva
2 chuletas de cerdo gruesas
1 mango grande cortado en dados
2 limas, 1 para zumo y 1 para cortar
   por la mitad
1 tomate grande cortado en dados
un puñado de hojas de cilantro picadas
rúcula para servir

15 minutos • 2 raciones

1 Mezclar el chile, la sal y el azúcar con el aceite, y frotar sobre ambos lados de las chuletas de cerdo.

2 Asarlas a la plancha, o freírlas en una sartén, durante 2 minutos para después bajar la temperatura y asarlas, o freírlas, durante 5 minutos aproximadamente, dándoles la vuelta una vez. Asar las mitades de lima hasta que el corte de los gajos se tueste un poco.

3 Para preparar la salsa, mezclar el mango, el zumo de lima, el tomate y el cilantro, y añadir sal.

4 Servir las chuletas con las mitades de lima asadas, un poco de rúcula y salsa.

Las alubias negras, típicas de la cocina mexicana,
también se venden en conserva. En este caso, basta con añadirlas
durante la última hora de cocción.

Enchilada de alubias negras y carne

150 g de alubias negras previamente
    remojadas durante la noche anterior
500 g de cuello de vaca troceado
    y sin grasa
aceite para freír
2 cebollas grandes cortadas por
    la mitad y después en rodajas
4 dientes de ajo machacados
1 pimiento verde troceado
3-4 chiles rojos grandes picados
1 cucharada de comino en grano
    tostado y molido
400 g de tomates pera en lata
250 ml de caldo de carne natural,
    de pastilla o concentrado
1 trozo de canela en rama
crème fraîche para servir
4 tortillas tradicionales mexicanas

2½ horas, más el tiempo de remojo
durante la noche • 4 raciones

1 Cubrir las alubias previamente remojadas con agua fría en una cacerola, llevarlas rápidamente a ebullición y cocerlas durante 30 minutos. Escurrirlas y lavarlas.

2 Calentar un poco de aceite en una cacerola grande y sofreír la carne por tandas hasta que se dore bien. Sacarla de la cacerola y poner la cebolla para sofreírla a temperatura bastante alta hasta que se ablande, se dore y esté oleaginosa. Añadir el ajo, el pimiento, el chile y el comino y sofreír durante 2 minutos. Agregar la carne de nuevo a la cacerola con el tomate, el caldo, las alubias y la canela. Llevar a ebullición y cocerlos suavemente a fuego lento unas 2½ horas hasta que la carne y las alubias se ablanden.

3 Servir en cuencos con una cucharada colmada de crème fraîche y tortillas tradicionales mexicanas.

Una vez que se dominan los procedimientos básicos de la preparación, se puede experimentar y añadir chile, hierbas aromáticas o ajo a la masa, o probar con carne de cordero o de cerdo picada.

Hamburguesa clásica

500 g de carne de vacuno picada
1 cebolla grande rallada
un puñadito de hojas de perejil picadas finamente
1 cucharadita de comino molido
aceite para freír
4-6 panecillos para hamburguesa cortados por la mitad

GUARNICIÓN
lechuga o rúcula
cebolla cruda o sofrita cortada en rodajas
tomate cortado en rodajas
pepinillo cortado en rodajas
queso gruyère o emmental cortado en lonchitas
mostaza, kétchup, mayonesa, salsa de chile, etc.

30 minutos • 4-6 raciones

1 Poner la carne picada, la cebolla, el perejil y el comino en un bol con abundante sazón, y mezclarlos bien con las manos. Dar forma a 4-6 hamburguesas.

2 Calentar un poco de aceite en una sartén y freírlas a temperatura media durante 3-4 minutos por cada lado hasta que estén bien hechas. Se pueden asar a la barbacoa durante el mismo tiempo. Para comprobar si están cocinadas, introducir la punta de un cuchillo en el centro, contar hasta tres y tocarse la muñeca con él. La hamburguesa está hecha cuando la punta está tan caliente que no se puede soportar. Servir con los panecillos y con la guarnición que se prefiera.

Se puede mejorar esta receta si se sirve sobre una base de rúcula
o de berros y con un huevo escalfado encima.

Corned Bref con patatas

500 g de patatas de ensalada pequeñas
   troceadas
2 cucharadas de aceite para freír
1 cebolla cortada en rodajas
340 g de corned beef (carne en
   conserva) en trozos pequeños
1 manojo pequeño de hojas de perejil
   picadas finamente
4 huevos fritos para servir

30 minutos • 4 raciones

1 Hervir las patatas durante 6-8 minutos
aproximadamente hasta que se ablanden;
escurrirlas bien. Calentar el aceite en una sartén
y sofreír la cebolla hasta que esté blanda. Añadir
las patatas y dorarlas. Agregar la carne y sofreírla
hasta que comience a dorarse por los bordes.
Sazonar, añadir el perejil, remover. Coronar con
un huevo frito, justo antes de servir.

Para preparar el mejor sándwich, lo ideal es utilizar una chuleta de cerdo de excelente calidad, por ejemplo de cerdo ibérico.

Sándwich de cerdo a lo cubano libre

1 chuleta de cerdo
aceite de oliva para untar
1 panecillo tipo chapata cortado
    por la mitad
mayonesa
mostaza de Dijon
2 lonchas de queso emmental
unas cuantas lonchas de jamón
2-3 pepinillos encurtidos en vinagre,
    en salmuera o en vinagre al eneldo
hojas de ensalada marinadas para servir

10 minutos • 1 sándwich grande

1 Deshuesar la chuleta, aplanarla con un rodillo y untarla con aceite antes de sazonarla. Asarla a la parrilla o freírla durante 3-4 minutos por cada lado hasta que se haga. Extender una buena cucharada de mayonesa y mostaza sobre la mitad inferior del panecillo, poner encima la chuleta, el queso, el jamón y rodajas de pepinillo. Tostar el sándwich brevemente en una sandwichera o en una sartén con una cacerola pesada encima hasta que el queso se derrita. Si se quiere, añadir unas cuantas hojas de lechugas variadas.

Para preparar guacamole es preferible pecar de cautelosos y escoger
aguacates muy maduros para que estén lo bastante blandos
para aplastarlos.

Guacamole con trozos de aguacate

¼ de cebolla muy picada
1 chile habanero muy picado
1 tomate cortado en dados
1 diente de ajo machacado
1 manojo pequeño de hojas de cilantro
   picadas
3 aguacates cortados en trozos grandes
½ limón

15 minutos • 4 raciones

1 Aplastar cuidadosamente todos los
ingredientes con mano y mortero grandes,
o en un bol con un tenedor.
2 Añadirles un chorrito de agua para que el
guacamole quede menos pegajoso. Se debe
recordar que hay que dejar algunos trozos de
aguacate enteros para que luzca más apetitoso.
Lo mejor es servirlo inmediatamente, aunque
se le puede exprimir por encima la mitad de
una lima o de un limón para evitar la oxidación.

El truco para lograr una pizza verdaderamente crujiente
es calentar bien el horno previamente, al menos 15 minutos antes
de introducir la pizza.

Pizza picante de pepperoni

280 g de masa para pizza preparada
2 dientes de ajo machacados
aceite de oliva para freír
400 g de tomates pera en lata
    escurridos
1 cucharada de puré de tomate
una pizca de orégano molido
1 bola de queso mozzarella cortada
    en lonchitas
100 g de pepperoni
2 cucharadas de chile jalapeño cortado
    en rodajas
embutido al gusto

45 minutos • 2 raciones

1 Calentar el horno a 220 °C. Preparar la masa para pizza según las instrucciones del envase. Sofreír el ajo en un poco de aceite durante 2 minutos. Añadir los tomates escurridos, el puré de tomate y el orégano. Sofreírlos durante 10 minutos hasta que se evapore el agua.

2 Estirar la masa lo más delgada posible y ponerla en una bandeja de pastelería antiadherente y resistente. Extender la salsa de tomate sobre la base de la pizza y distribuir las lonchitas de queso, el embutido y el chile por encima. Hornear la pizza durante 20-25 minutos hasta que el queso está fundido y dorado y la base se tueste.

Para preparar esta hamburguesa puede utilizarse también atún porque tiene una textura similar a la del emperador.

Hamburguesa de emperador sin tapa con alioli de hierbas aromáticas

4 filetes de emperador
2 cucharadas de aceite de oliva
la piel de 1 limón troceada
2 panecillos tipo chapata cortados
    por la mitad
50 g de ensalada mixta
2 tomates cortados en rodajas

ALIOLI DE HIERBAS AROMÁTICAS
4 cucharadas de mayonesa
2 cucharaditas de mostaza de Dijon
1 cucharada de zumo de limón
1 chalota picada
1 diente de ajo machacado
3 cucharadas de estragón, cebolleta y
    perejil frescos para emplear picados
    por separado o mezclados

25 minutos • 4 raciones

1 Poner el emperador en un bol y bañarlo con el aceite de oliva y la piel de limón troceada. Sazonarlo.
2 Mezclar los ingredientes del alioli en un bol pequeño y reservar.
3 Asar el emperador a la barbacoa a temperatura alta durante 2-3 minutos por cada lado, según su grosor, hasta que la carne se vea oscura. Tostar brevemente los lados del corte de los panecillos antes de ponerlos en una bandeja, y cubrirlos con un poco de ensalada, rodajas de tomate y un filete de emperador. Aderezar con una cucharada colmada de alioli.

Aparte de la calabaza típica de Halloween, se puede emplear la calabaza moscada, de sabor dulzón, u otras variedades.

Crema de calabaza con chile y nata al limón

1 kg de calabaza pelada y troceada
4 cucharadas de aceite de oliva
1-2 chiles rojos sin semilla picados
   finamente
1 diente de ajo
375 ml de leche
750 ml de caldo de pollo o vegetal
   natural, de pastilla o concentrado
un puñado de hojas de cilantro picadas
   (opcional)
crème fraîche o nata líquida con unas
   gotas de limón para servir

40 minutos • 4 raciones

1 Calentar el horno a 200 °C. Poner la calabaza en una bandeja, rociarla con el aceite de oliva y asarla durante 15-20 minutos hasta que se ablande y se dore por los bordes.
2 Poner la calabaza, el chile y el ajo en una cacerola con la leche y el caldo. Llevar a ebullición. No importa que la calabaza se abra. Reducir la temperatura para cocerla a fuego lento durante 8 minutos. Refrescar un poco la mezcla antes de pasarla por una batidora para hacer una crema. Sazonarla bien.
3 Añadir el cilantro, si se va a emplear. Servir en cuencos con una cucharada colmada de nata líquida a la que se habrán añadido unas gotas de limón.

Este potaje puede ser tanto un primer plato, servido sobre unas patatas asadas, como una guarnición que acompañe a un segundo.

Potaje de legumbres

150 g de beicon —preferiblemente
de una sola pieza— cortado en tiras
1 cebolla picada
800 g de alubias rojas escurridas
100 ml de caldo de pollo natural,
de pastilla o concentrado
3 mazorcas de maíz tierno cortadas
en rodajas gruesas
2 cucharadas de nata para montar
un buen puñado de hojas de perejil
picadas finamente

20 minutos • 4 raciones

1 Sofreír el beicon en una sartén a temperatura baja hasta que la grasa empiece a derretirse. Subir la temperatura para sofreírlo hasta que esté dorado y crujiente. Añadir la cebolla y sofreír durante 3 minutos aproximadamente hasta que la cebolla se ablande.

2 Añadir las alubias y el caldo a la sartén, y cocer suavemente a fuego lento hasta que el caldo se reduzca a la mitad.

3 Agregar las rodajas de maíz y la nata. Guisar a fuego lento durante 5 minutos hasta que los granos de maíz estén blandos. Espolvorear con el perejil y servir.

Si se utilizan patatas con bajo contenido de almidón, estas conservan su forma; las variedades con más contenido de almidón se deshacen un poco y producen una sopa más espesa.

Sopa de bacalao ahumado

3 puerros cortados en rodajas
1 cebolla cortada en rodajas
mantequilla para sofreír
3 patatas medianas cortadas en dados
400 ml de leche
400 ml de caldo vegetal natural,
 de pastilla o concentrado
500 g de bacalao ahumado, sin piel
 y cortado en trozos del tamaño
 de un bocado
200 g de gambas cocidas y peladas
1 manojo pequeño de hojas de perejil
 picadas

30 minutos • 6 raciones

1 Sofreír el puerro y la cebolla con un trocito de mantequilla en una cacerola grande 5 minutos aproximadamente hasta que se empiecen a ablandar. Añadir la patata, la leche y el caldo. Llevar a ebullición y reducir la temperatura, tapar y cocer durante unos 10-15 minutos o hasta que la patata esté blanda.

2 Incorporar el bacalao y las gambas, y guisar a fuego lento durante 2-3 minutos más para cocinar el pescado y calentar las gambas. Sazonar y añadir el perejil. Servir en cuencos con pan crujiente.

Para elaborar esta receta puede utilizarse tanto pimentón dulce como pimentón picante. Es cuestión de gustos y de paladar.

Tacos mexicanos de pollo

2 pechugas de pollo con piel
1 cucharadita de pimentón
aceite para freír
4 tortillas mexicanas
10 tomates cherry cortados por la mitad
1 cebolla roja o morada cortada en rodajas
1 aguacate pequeño pelado y cortado en trozos gruesos
un puñadito de hojas de cilantro picadas muy finas
1 lima cortada en cuartos
4 cucharadas de nata para montar con unas gotas de limón

15 minutos • 2 raciones

1 Untar el pollo completamente con el pimentón y sazonarlo. Freírlo en un sartén antiadherente hasta que la piel se tueste y la carne esté bien cocinada.

2 Trocear el pollo, y rellenar las tortillas con él y con el tomate, la cebolla, el aguacate y el cilantro. Exprimir un cuarto de lima, añadir sobre el relleno un poco de nata y enrollar los tacos.

Si se deja reposar la carne durante 5 minutos en papel de aluminio, esta quedará más jugosa.

Ensalada caliente de solomillo y queso azul

2 bistecs de solomillo sin grasa
aceite de oliva para untar
2 puñados de hojas de verduras
100 g de queso gorgonzola o de otro
    queso azul cremoso desmenuzado

ADEREZO
2 cucharadas de vinagre de vino tinto
1 cucharadita de mostaza de Dijon
4 cucharadas de aceite de oliva

15 minutos • 2 raciones

1 Calentar la plancha, las brasas de la parrilla o una sartén a temperatura muy alta. Engrasar los bistecs con el aceite, sazonarlos y asarlos durante 2 minutos por cada lado hasta que estén jugosos, o 3 minutos para que estén más hechos. Batir el vinagre y la mostaza con el aceite. Trocear los bistecs, y mezclar con la ensalada y el aderezo. Cubrir la ensalada resultante con los trocitos de queso.

Si se prefiere, la masa se puede preparar desde el día anterior.
Se conserva bien en la nevera durante la noche.

Crepes americanas con beicon y manzana

1 huevo grande
250 ml de leche
3 cucharadas de azúcar mascabado
150 g de harina con levadura
mantequilla para freír
3 manzanas peladas y cortadas
    a lo largo
6-12 lonchas de beicon asado
    y aún caliente
jarabe de arce para servir
crème fraîche o nata para montar con
    unas gotas de limón para servir

30 minutos, más el tiempo para dejar
reposar • 6 raciones

1 Batir, manuamente si se quiere, el huevo, la leche, el azúcar, la harina, 2 cucharadas de mantequilla derretida y ½ cucharadita de sal hasta que se forme una masa cremosa. Puede emplearse de inmediato, aunque lo ideal es dejarla reposar durante 1 hora.

2 Sofreír la manzana con un poco de mantequilla hasta que se ablande y se dore. Conservarla caliente.

3 Calentar una sartén antiadherente, derretir en ella un trocito de mantequilla y añadirle cucharadas de masa. Dar la vuelta a las crepes cuando la masa comience a formar burbujas que se rompan en su superficie. Freírlas durante 1 minuto más aproximadamente por el otro lado. Se deben mantener calientes mientras se prepara el resto. Alternar las crepes con capas de beicon y manzana, rociarlas con el jarabe y servirlas con la nata al limón.

Sobre la cobertura se puede espolvear un poco de ralladura
de naranja o trozos de nuez al gusto.

Muffin de zanahoria

100 g de azúcar mascabado
75 ml de aceite de cacahuete
50 g de mantequilla sin sal derretida
3 huevos
2 cucharadas de leche
la ralladura 1 naranja
75 g de nueces picadas
75 g de dátiles picados finamente
175 g de zanahoria pasada
    por un rallador grueso
175 g de harina con levadura
1 cucharadita de levadura en polvo
½ cucharadita de canela molida

COBERTURA
300 g de queso cremoso
2 cucharaditas de miel clara
la piel de 1 naranja rallada finamente

1 hora y 10 minutos • 10 raciones

1 Calentar el horno a 200 ºC. Cubrir todas
las cavidades de un molde estándar para
magdalenas con plástico de cocina o trozos
de papel para hornear. Poner en un bol el azúcar,
el aceite, la mantequilla, los huevos y la leche,
y batir hasta que formen una masa cremosa.
Añadir y mezclar la piel de naranja rallada, las
nueces, los dátiles y la zanahoria. Agregar la
harina, la levadura y la canela, y mezclar, aunque
no en exceso porque la masa ha de quedar
ligeramente grumosa. Rellenar con ellas las
cavidades del molde.
2 Hornearla durante 20-25 minutos
aproximadamente hasta que al introducir en un
muffin una brocheta esta salga seca. Dejar enfríar
los muffins en el molde y después ponerlos
sobre una rejilla hasta que se templen por
completo. Para preparar la cobertura, batir
el queso, la miel y la ralladura de naranja,
y extenderlo con cuidado por encima de
los muffins.

Estos crepes se sirven calientes con helado como postre, pero también pueden servirse con yogur cremoso y jarabe de arce como desayuno.

Crepes de arándano y vainilla

150 g de harina
1 cucharadita de levadura en polvo
2 cucharadas de azúcar extrafino
1 huevo batido
25 g de mantequilla derretida tibia
unas gotas de extracto de vainilla
150 ml de leche
100 g de arándanos

30 minutos • 2 raciones

1 Mezclar la harina, la levadura en polvo y el azúcar con una pizca de sal. Añadir el huevo, la mantequilla, la vainilla y la leche, y batir hasta formar una masa espesa. Agregar y mezclar los arándanos.

2 Calentar una sartén antiadherente y freír cucharadas grandes de esta masa hasta que comiencen a formarse hoyuelos en su superficie. Dar la vuelta a las crepes y freírlos por el otro lado hasta que se doren.

Hay que resistir la tentación de desmoldar la tarta antes de que esté completamente fría porque la masa podría agrietarse.

Tarta de queso neoyorquina de chocolate blanco

16 galletas de chocolate o con grandes trozos de chocolate
50 g de mantequilla derretida
600 g de queso cremoso
200 ml de crème fraîche
200 g de azúcar
20 g de maicena
220 g de chocolate blanco derretido
½ cucharadita de estracto de vainilla
3 huevos batidos ligeramente
virutas de chocolate blanco para servir

30 minutos, más 1 hora en el horno, más el tiempo para enfríar • 8-10 raciones

1 Calentar el horno a 140 ºC. Cubrir un molde redondo para bizcocho de 20 cm, desmontable, con papel para hornear. Triturar las galletas en un robot de cocina hasta desmenuzarlas. Añadirles la mantequilla sin detener las cuchillas. Poner los trozos de galleta con mantequilla en el molde y presionar firmemente con los dedos hasta formar una base uniforme. Dejarla enfríar.
2 Mezclar el queso cremoso y la crème fraîche en una batidora o en el mismo robot. Añadir el azúcar y la maicena, y mezclar hasta formar una masa cremosa. Incorporar el chocolate derretido y la vainilla. Añadir los huevos, mezclar y verter en el molde.
3 Hornear 1 hora y 10 minutos. La tarta debe quedar ligeramente dorada pero poco firme. Hay que dejarla en el horno apagado durante 1 o 2 horas, o toda la noche, para que se enfríe por completo antes de desmoldarla. Servirla adornada con virutas de chocolate.

Antes de cortar el rodaballo, hay que asegurarse
de que se han escamado ambos lados perfectamente. Si se prefiere,
se pueden emplear filetes con piel.

Rodaballo con verduras a la oriental

4 filetes de unos 175 g de rodaballo
2 dientes de ajo troceados finamente
1 trozo de 5 cm de raíz de jengibre
    cortada en dados pequeños
aceite vegetal para engrasar la bandeja
    para asar
2 cucharaditas de pasta de tamarindo
2 cucharadas de salsa de soja
2 chiles rojos o amarillos pequeños,
    sin semilla y cortados en rodajas
    finas
1 manojo de hojas de cilantro para picar
    y conservar algunas para la
    guarnición
400 g de vegetales crudos sin tallo
    y picados
2 cebollinos cortados en juliana

20 minutos • 4 raciones

1 Calentar el horno a 200 °C. Hacer algunos cortes o acanalar con un cuchillo afilado uno de los lados de los trozos de rodaballo —o el lado con piel de los filetes—, y untarlos después con el ajo y el jengibre. Rociar ligeramente una bandeja para asar con el aceite y colocar el pescado. Si se usa en forma de filete, se pone con la piel hacia arriba. Asar los trozos durante 8 minutos; si son filetes, durante 6 minutos.

2 Mezclar en una cacerola pequeña la pasta de tamarindo con 75 ml de agua caliente hasta que tenga una textura cremosa. Añadir la salsa de soja y la mitad del chile, y calentar suavemente. Retirarlos del calor e incorporar el cilantro picado.

3 Cocer las verduras al vapor hasta que se ablanden. Distribuirlos en platos y ponerles el rodaballo asado encima. Esparcir el cebollino, el resto del chile y las hojas de cilantro. Servir con la salsa de tamarindo.

Para preparar esta receta se puede emplear bistec de solomillo
o filete de lomo.

Brochetas de carne de vacuno
con ensalada oriental

1 cucharadita de polvo de cinco
  especias chino
aceite vegetal
salsa agridulce de chile
250 g de filete de lomo de vacuno
  en tiras
1 cucharadita de miel clara
1 cucharadita de vinagre de vino blanco
1½ cucharadita de salsa de pescado,
  más un poco para servir
1 diente de ajo machacado
un puñado de hojas de menta
2 puñados de hojas para ensalada
½ pepino por la mitad sin semillas
  y cortado después en rodajas
3 cebollinos picados finamente
50 g de cacahuetes tostados y picados

20 minutos • 2 raciones

1 Calentar la plancha o la parrilla a temperatura
muy alta. Mezclar en un bol el polvo de cinco
especias, 1 cucharada de aceite y unas
cuantas gotas de salsa agridulce. Añadir la
carne y mezclar hasta que las tiras se cubran
por completo. Ensartarlas en brochetas de
metal y asarlas a la plancha o a la parrilla
2-3 minutos por cada lado hasta que estén
hechas.
2 Mientras, mezclar la miel, el vinagre, la salsa
de pescado, unas cuantas gotas de salsa
agridulce y 2 cucharadas de aceite en un bol
pequeño. Trocear la menta y mezclarla con
las hojas para ensalada, el pepino, el cebollino
y el cacahuete, y mezclar todo cuidadosamente.
Distribuir las brochetas en dos platos y servirlas
con la ensalada, junto con un bol pequeño
de salsa de pescado y salsa agridulce como
acompañante para mojar.

La salsa teriyaki es una mezcla de soja, mirin (vino de arroz) y azúcar. Puede comprarse en los supermercados y en los comercios asiáticos.

Bistec a la teriyaki con repollo

1 solomillo sin grasa
aceite para sofreír
1 cebolla cortada por la mitad
    y después en rodajas
1 cucharada de salsa teriyaki
½ repollo cortado en tiras
salsa de soja para condimentar
arroz o fideos chinos para servir

15 minutos • 2 raciones

1 Cortar el bistec en tiras finas. Calentar un poco de aceite en un wok. Incorporar la carne y la cebolla, y sofreír removiendo constantemente hasta que se empiecen a dorar. Añadirles la salsa teriyaki y un chorrito de agua; mezclar bien para que se cubran mientras se dejan evaporar los jugos. Reservar en un plato.

2 Poner el repollo en el wok y rehogarlo hasta que las hojas pierdan la rigidez. Condimentar con salsa de soja y mezclar. Añadir la carne y servir con arroz o fideos chinos.

Escalfar las pechugas de pollo sella en su interior todos sus jugos y deja la carne blanda y jugosa.

Pollo escalfado chino con salsa para mojar

2 pechugas de pollo sin piel
salsa de soja dulce indonesa ketjap
    manis
½ chile rojo sin semillas y picado
1 diente de ajo picado finamente
1 cucharadita de raíz de jengibre
    picada finamente
el zumo de 1 lima grande
1 pepino cortado en láminas con
    un pelapatatas
un puñadito de hojas de cilantro picadas
    finamente
2 cebollinos cortados en rodajas finas

15 minutos • 2 raciones

1 Llevar una cacerola grande de agua salada a ebullición añadir las pechugas. Apagar el fuego, tapar y dejar así durante 15 minutos.
2 Mezclar la salsa indonesa, el chile, el ajo, el jengibre y el zumo de lima. Retirar las pechugas del agua y cortarlas en lonchas finas. Servirlas sobre el pepino con la salsa. Esparcir el cilantro y el cebollino por encima.

Puede sustituirse el solomillo por bistecs de carne de vacuno aplastados con un rodillo y luego cortado en lonchas finas.

Carne de vacuno crujiente con chile y brócoli

aceite para freír
300 g de escalopes de bistec
   de solomillo
3 cucharadas de maicena
1 brócoli pequeño cortado en floretes
2 dientes de ajo cortados en láminas
1 trozo de 5 cm de raíz de jengibre
   picada finamente
1 cucharadita de escamas de chile
   deshidratado
4 cucharadas de salsa de soja mezclada
   con 5 cucharadas de azúcar
el zumo de 2 limas

20 minutos • 2 raciones

1 Calentar un wok con 5 cm de aceite a temperatura muy alta. Rebozar la carne con la maicena. Freírla en tandas hasta que esté bien dorada y crujiente. Escurrirla. Extraer la mayor parte del aceite del wok y sofreír el brócoli, el ajo, el jengibre y el chile durante 1 minuto.
2 Verter la salsa de soja endulzada y el zumo de lima, y cocinar durante 2 minutos. Añadir y mezclar la carne y el cebollino antes de servir.

Si se dispone de pasta de miso en la despensa, puede sustituirse por esta la sopa instantánea. Ambas se encuentran en comercios asiáticos.

Sopa de miso con fideos de arroz y setas shitake

25 g de sopa de miso instantánea
50 g de brotes de soja
4-6 setas shiitake cortadas
   longitudinalmente en láminas finas
2 cebolletas cortadas en juliana
50 g de fideos de arroz salteados
100 g de tofu o de gambas cocidas
   y peladas
salsa de soja para condimentar
aceite de sésamo para rociar

15 minutos • 2 raciones

1 Poner la sopa de miso deshidratada en una cacerola con 600 ml de agua hirviendo y llevar a ebullición a fuego lento. Añadir los brotes de soja, las setas, las cebolletas y los fideos de arroz, y cocer hasta que estos últimos se ablanden.
2 Servir varios cucharones de sopa en 2 cuencos. Añadir el tofu a las gambas, y aderezar con un chorrito de salsa de soja y de aceite de sésamo.

El cardamomo se utiliza para condimentar y con fines medicinales, en este último caso las hojas, los frutos y las semillas.

Costilla de cerdo caramelizada a las cinco especias

1½ kg de costilla de cerdo
6 dientes de ajo machacados
300 ml de vino tinto
1 cucharada de polvo de cinco especias chino
3 cucharadas de puré de tomate
4 cucharadas de azúcar mascabado
2 cucharadas de salsa de soja
hojas de cilantro y lima en gajos para servir

10 minutos, más el tiempo para el adobo, más 1¼ hora en el horno • 4 raciones

1 Poner las costillas en un bol grande. Aparte, mezclar el ajo, el vino, el polvo de cinco especias, el puré de tomate, el azúcar y la salsa de soja, y verter todo sobre las costillas. Taparlas y refrigerarlas durante 2 horas, de poder ser durante 24 horas.

2 Calentar el horno a 190 °C. Distribuir las costillas en una bandeja para asar grande y verterles el adobo por encima. Asar durante aproximadamente 1¼ hora. Hay que ir girando las costillas hasta que el adobo forme sobre ellas un caramelo oscuro y viscoso. Colocar las costillas en una fuente, y esparcir por encima hojas de cilantro y gajos de lima para luego exprimir el zumo. Servir con arroz hervido sin sazonar y con col china, o espinacas al vapor, aderezada con aceite de sésamo.

El miso, que se prepara con soja fermentada, añade un toque de sabor muy sabroso a los platos.

Berenjena asada con miso y fideos de pepino

1 berenjena mediana
2 cucharadas de pasta de miso
1 cucharadita de semillas de sésamo
100 g de fideos de arroz, vermicelli
    o tallarines
½ pepino
1-2 cucharaditas de vinagre de arroz
    o de sidra

30 minutos • 2 raciones

1 Calentar la parrilla a temperatura media. Cortar longitudinalmente la berenjena por la mitad y hacerle después unos cortes entrecruzados en la pulpa. Poner ambas mitades con el lado del corte hacia abajo en una bandeja para asarla durante 10 minutos o hasta que la piel se empiece a dorar.

2 Darles la vuelta y extenderles 1 cucharada de pasta de miso sobre el lado del corte. Volverlas a poner en la parrilla para asarlas durante 15 minutos o hasta que estén tiernas. Hay que evitar que se quemen. Esparcirles semillas de sésamo por encima y dejarlas unos segundos en la parrilla para que las semillas se doren.

3 Mientras, remojar los fideos de arroz según las instrucciones del envase. Pelar el pepino y cortarlo en tiras finísimas con el pelapatatas. Mezclarlo con los fideos de arroz, y sazonar con sal y vinagre.

El wok debe estar muy caliente antes de empezar a rehogar;
de otro modo, la carne se guisa en lugar de saltearse.

Salteado de cerdo, jengibre
y salsa de alubias negras

1 bistec de cerdo sin grasa
aceite para sofreír
2 dientes de ajo cortados en láminas
    finas
1 trozo de 2 cm de jengibre rallado
2 puñados de judías verdes troceadas
4 cucharadas de salsa de alubias
    negras
arroz integral al vapor para servir

15 minutos • 2 raciones

1 Cortar el bistec en tiras. Calentar 1 cucharada
de aceite en un wok, y añadir el ajo y el jengibre.
Agregar el cerdo y rehogar hasta que la carne se
empiece a dorar. Incorporar las judías y rehogar
durante 1 minuto más.

2 Añadir la salsa y un chorrito de agua,
y remover en el wok con los demás ingredientes
para que se impregnen uniformemente. Saltear
durante 1-2 minutos más o hasta que la carne
esté bien hecha. Servir con arroz integral al vapor.

Si se prefiere, se puede emplear pollo frío troceado
en lugar de gambas.

Ensalada de gambas, mango y espinaca

100 g de hojas de espinacas baby
200 g de gambas grandes cocidas
1 mango grande cortado en lonchas
    finas
2 cebollinos cortados en rodajas
    muy finas

ADEREZO
un trozo de 2 cm de raíz de jengibre
    rallada o picada finamente
1 cucharada de jerez seco
la ralladura y el zumo de ½ naranja
3 cucharadas de aceite de girasol
1 cucharadita de aceite de sésamo
    tostado

15 minutos • 4 raciones

1 Para preparar el aderezo, batir el jengibre,
el jerez, la ralladura y el zumo de naranja y los
aceites en un bol, y sazonar.
2 Poner las espinacas en un bol y cubrirlas con
las gambas y el mango. Verter el aderezo por
encima y mezclar poco a poco, con cuidado.
Decorar con el cebollino por encima.

Para preparar este plato se deben emplear chuletas de cerdo
gruesas a fin de que no se resequen al freírlas.

Chuleta de cerdo cubierta de sésamo con ensalada de fideos vietnamita

250 g de fideos de arroz
2 cucharadas de semillas de sésamo
2 chuletas de cerdo untadas
abundantemente con aceite
3 cucharadas de salsa de pescado
mezcladas con ½ cucharada
de azúcar
el zumo de 1 lima
1 manojo pequeño de hojas
de menta picadas
1 manojo pequeño de hojas
de albahaca picadas
2 chiles rojos o verdes sin semillas
y cortados en rodajas finas

20 minutos • 2 raciones

1 Preparar los fideos de arroz según las instrucciones del envase.
2 Incrustar las semillas de sésamo en ambos lados de las chuletas. Ponerlas en una sartén fría y freírlas a temperatura media durante 3 minutos por cada lado hasta que las semillas se doren ligeramente. Reducir la temperatura y freírlas durante otros 4 minutos por un lado. Deshuesarlas y cortarlas en lonchas finas.
3 Mezclar los fideos con la salsa de pescado, el zumo de lima, las hojas aromáticas, la carne y el chile. Servir en cuencos poco hondos.

Para esta receta, es aconsejable utilizar langostinos de buen tamaño
y excelente calidad.

Langostinos con pimienta de Sichuan

1 cucharada de pimienta de Sichuan
1 cucharada de sal marina
1 cucharada de polvo de cinco especias
   chino
2 cucharadas de aceite de cacahuete
16 colas de langostino con piel

15 minutos • 2 raciones

1 Moler la pimienta con la sal y el polvo de cinco especias en un mortero. Calentar hasta que humee el aceite en un wok. Añadir los langostinos, y rehogarlos rápidamente hasta que adquieran un tono rosado y se tuesten bien. Eliminar del wok el exceso de aceite, añadir 2 cucharadas de la mezcla de especias y saltear durante 30 segundos.

2 Servir las colas de langostino con un poco más de la mezcla de especias para acompañar.

La col china se conoce también con el nombre de pak choi, bok choi o pok choi.

Vegetales rehogados con anacardos

2 cucharadas de aceite vegetal
1 cebolla roja o morada cortada
    en rodajas
1 pimiento rojo cortado en rodajas
200 g de setas troceadas
2 cabezas de col china cortada
    en cuartos
1 diente de ajo machacado
100 g de anacardos
salsa de soja, aceite de sésamo,
    salsa de chile para rociar (opcional)

20 minutos • 2 raciones

1 Calentar el aceite en un wok o en una cacerola grande. Añadir la cebolla y los anacardos y sofreír durante 2 minutos.
2 Agregar el pimiento y las setas, y sofreír 3 minutos más removiendo con frecuencia.
3 Añadir la col china y el ajo, mezclar todo bien y rociar con salsa de soja, aceite de sésamo o salsa de chile, al gusto, antes de servir.

Esta marinada también es apropiada para adobar pechugas de pollo, filetes de pescado blanco e incluso bistecs.

Salmón a la tailandesa con pepino y salsa de marinado para mojar

4 filetes de salmón
1 chile rojo sin semillas picado
   finamente
2 dientes de ajo muy picados
un puñado de hojas de cilantro picadas
1 cucharada de salsa de pescado
1 cucharada de aceite de sésamo
2 cucharadas de miel clara
¼ de pepino en daditos
½ cebolla roja o morada cortada
   en daditos
4 cucharadas de salsa agridulce de
   chile mezclada con un chorrito
   de zumo de lima

30 minutos, más el tiempo para marinar
• 4 raciones

1 Poner el salmón en un bol con el chile, el ajo, el cilantro, la salsa de pescado, el aceite y la miel. Condimentar con pimienta y refrigerar por lo menos 20 minutos o durante toda la noche.
2 Asar el salmón a la parrilla hasta que los bordes estén crujientes. Si se prefiere bien cocinado en lugar de casi hecho en el centro, dejarlo asar hasta que la carne se note muy firme al tacto. Servir con el pepino y la cebolla esparcidos por encima, y con la salsa del marinado para mojar.

A fin de reducir el aporte de calorías, este plato puede prepararse
con leche de coco semidesgrasada.

Pollo con curry verde tailandés

1 cucharada de aceite
4 pechugas de pollo pequeñas sin piel
   y cortadas en lonchas finas
1-2 cucharadas de pasta de curry verde,
   según la preferencia por el picante
400 ml de leche de coco
100 g de judías verdes troceadas
1 calabacín pequeño cortado
   longitudinalmente por la mitad
   y después diagonalmente
   en rodajas finas
el zumo de 1 lima
un puñado de hojas de cilantro

20 minutos • 4 raciones

1 Calentar una cacerola grande y añadir el aceite. Sofreír el pollo durante 3 minutos hasta que se empiece a dorar. Agregar la pasta de curry, sofreír y remover durante 1 minuto. Incorporar después la leche de coco, remover y bajar el fuego para guisar suavemente a fuego lento. Cocinar durante 10 minutos. Añadir después las judías y el calabacín, y cocinar durante 3 minutos más hasta que los vegetales se ablanden.

2 Retirar del fuego y sazonar al gusto con el zumo de lima. Añadir el cilantro, y mezclar. Puede servirse con arroz al vapor.

El wasaba da nombre a una pasta verde de sabor muy picante, y procede de la raíz de un rábano del mismo nombre. Se comercializa también en polvo para mezclar con un poquito de agua.

Atún y fideos con pasta de wasabi

2 filetes de 150 g de atún
150 g de fideos
½ cucharadita de pasta de wasabi
1 cucharada de salsa de soja
el zumo de 1 limón
4 cebollinos en juliana
50 g de rúcula

15 minutos • 2 raciones

1 Calentar la plancha, la parrilla o una cacerola antiadherente a temperatura muy alta. Dorar el atún rápidamente con el calor muy vivo por ambos lados durante 2 minutos para que quede casi hecho o 4 minutos para que quede a punto.
2 Preparar los fideos según las instrucciones del envase. Mezclar la pasta wasabi, la salsa de soja y el zumo de limón hasta formar una crema. Mezclarla con los fideos, el cebollino y la rúcula. Cortar el atún en lonchas finas y servirlo con los fideos y las hojas de rúcula.

Cuando no gusta el picante, se pueden emplear unas gotas de aceite
de sésamo en lugar de este aceite de chile.

Papillote de salmón con jengibre
y chile

2 filetes de salmón
1 trozo de 1 cm de raíz de jengibre
    rallada
2 cebollinos cortados en juliana
salsa de soja para condimentar
aceite de chile picante para
    condimentar
un puñado de hojas de cilantro
    para servir
arroz basmati al vapor para servir

20 minutos • 2 raciones

1 Calentar el horno a 200 °C. Colocar cada filete
de salmón en el centro de un trozo de papel
parafinado para hornear o de papel de aluminio.
Esparcir un poco de jengibre y de cebollino por
encima de los trozos de salmón, y aderezarlos
con unas cuantas gotas de salsa de soja y de
aceite de chile.
2 Doblar el papel para formar 2 papillotes
con el salmón, ponerlos en una bandeja para
asar y hornearlos durante 10 minutos. Abrir
los papillotes, decorar con una pizca y servirlo
con arroz basmati.

Las albóndigas pueden dejarse listas la noche anterior,
y cubrirlas con el azúcar y guisarlas antes de servir.

Albóndigas de pollo a la vietnamita sobre hojas de lechuga

500 g de muslo de pollo picado
3 chalotas picadas finamente
3 dientes de ajo picados finamente
3 tallos de hierba de limón picados
  finamente
1½ cucharadita de maicena
1 manojo pequeño de hojas de cilantro
  picadas finamente
3 cucharadas de alguna de las salsas
  de pescado
azúcar extrafino para cubrir las
  albóndigas
lechuga para servir
½ pepino pequeño cortado en dados
1 chile rojo cortado en rodajas finas
salsa agridulce de chile para servir

30 minutos • 30 albóndigas
aproximadamente

1 Calentar el horno a 200 °C. Amasar en
un bol el pollo, la chalota, el ajo, el limoncillo,
la maicena, el cilantro y la salsa de pescado
con un poco de pimienta negra. Con las manos
ligeramente engrasadas con aceite, hacer
albóndigas de unos 4 cm de diámetro con esta
masa. Cubrirlas completamente con azúcar
y ponerlas en una bandeja para asar cubierta
con papel de aluminio. Hornearlas durante
15 minutos. La bandeja se debe zarandear un
par de veces para que las albóndigas se cubran
uniformemente con el caramelo azucarado.
2 Para servir, colocar cada albóndiga sobre
una base de hoja de lechuga, y esparcirle
el pepino, el cilantro y el chile por encima.
Servir con un bol de salsa agridulce de chile
como acompañante para mojar.

Índice

aceitunas 104
a la griega, cordero asado con
18-19
espaguetis con solomillo, tomates
y 30-31
ajo 16, 118, 122, 124, 126, 130, 136,
144, 152
ajillo y champiñones al gratín,
patatas al 78-79
pollo picantón asado relleno
de patata y aderezo de
98-99
y chile, linguini con calabacín,
28-29
albaricoque, chuletas de cordero
asadas con menta y cuscús
de 52-53
alcachofa, sándwich panini
de mozarella y
26-27
alubias 14, 160, 192
blancas, cacerola de butifarras
y 84-85
chorizo y falda de cerdo con
14-15
negras y carne, enchilada
de 144-145
negras salteado de cerdo,
jengibre y salsa de 192-193
anacardos, vegetales rehogados
con 200-201
arándanos y vainilla, crepes
de 172-173
atún 104, 156
a la marroquí con cuscús, kebab
de 58-59
y fideos con pasta de wasabi
206-207

bacalao ahumado, sopa de 162-163
beicon 80, 92, 98, 102, 160
berenjena
a la plancha aliñada con feta
y hierbas aromáticas 22-23
asada con miso y fideos
de pepino 190-191
y queso de cabra, rollos
de pimiento rojo, 64-65
blinis con salmón y nata al limón
106-107
boniatos, curry de espinacas
y 134-135
brócoli, carne de vacuno crujiente
con chile y 184-185
bulgur con feta y granada 46-47
buñuelos indios de espinaca con
salsa de yogur 118-119
butifarras y alubias blancas, cacerola
de 84-85

calabacín 204
ajo y chile, linguini con 28-29
con feta y tomillo limón 10-11
calabaza con chile y nata al limón,
crema de 158-159
calabaza moscada 76, 158
y espinacas, curry de tomate,
112-113
carne de vacuno 40, 146, 178, 202
bistec a la teriyaki con repollo
180-181
con ensalada oriental, brochetas
de 178-179
crujiente con chile y brócoli
184-185
enchilada de alubias negras
y 144-145

en conserva, Corned Beef 148-149
ensalada caliente de solomillo
y queso azul 166-167
espaguetis con solomillo, tomates
y aceitunas 30-31
filete a la pimienta 100-101
saltimboca 40-41
terrina de cerdo y ternera con
pistachos 92-93
cebolla, sopa francesa de 86-87
cerdo 146
a lo cubano libre, sándwich
de 150-151
caramelizada a las cinco
especias, costilla de 188-189
con alubias, chorizo y falda
de 14-15
crocante al estilo sureño
con salsa de mango, chuleta
de 142-143
cubierta de sésamo con
ensalada de fideos vietnamita,
chuleta de 196-197
jengibre y salsa de alubias negras,
salteado de 192-193
y lentejas pardinas a la mostaza,
filete de 94-95
y ternera con pistachos, terrina
de 92-93
champiñones 80, 200
y limón, pilaf de espinacas, 68-69
chermoula, salmonetes con 60-61
chile 114, 118, 122, 126, 136, 160,
176, 182, 196, 210
enchilada de alubias negras
y carne 144-145
linguini con calabacín, ajo
y 28-29

papillote de salmón con jengibre
y 208-209
pimientos rojos rellenos con
halloumi, limón y 24-25
y brócoli, carne de vacuno
crujiente con 184-185
y nata al limón, crema de
calabaza con 158-159
chocolate
blanco, tarta de queso
neoyorquina de 174-175
vasito de 108-109
chorizo y falda de cerdo con alubias
14-15
ciruelas pasas y cuscús de pistachos,
cordero especiado con 70-71
coliflor y espinacas, curry de 140-141
comino 48, 50, 60, 76, 118, 122,
132, 144, 146
remolacha asada con feta y 62-63
cordero 146
asadas al tandoor con
ensalada de patatas y
menta, chuletas de 136-137
asadas con menta y cuscús de
albaricoque, chuletas de 52-53
asado con aceitunas a la griega
18-19
curry saag de 122-123
en brochetas de romero,
salchichas de 56-57
especiado con ciruelas pasas
y cuscús de pistachos 70-71
especiado con nata y almendra
132-133
kebab de 54-55
Corned Beef con patatas 148-149
crepes
americanos con beicon
y manzana 168-169
de arándanos y vainilla 172-173
crottin a la parrilla con ensalada de
pera y nueces 88-89
curry 128
de coliflor y espinacas 140-141

de espinacas y boniatos 134-135
de gambas 126-127
de guisantes y tomate 124-125
de pescado 120-121
de tomate, calabaza y espinacas
112-113
muy rápido de pollo 138-139
saag de cordero 122-123
verde tailandés, pollo con
204-205
cuscús
de albaricoque, chuletas
de cordero asadas con
menta y 52-53
de almendras tostadas, tajine
de vegetales con 76-77
de pistachos, cordero especiado
con ciruelas pasas y 70-71
kebab de atún a la marroquí
con 58-59

eneldo 90, 150
pimientos rellenos de arroz,
piñones y 72-73
ensalada 10, 18
caliente de solomillo y queso azul
166-167
de fideos vietnamita, chuleta
de cerdo cubierta de sésamo
con 196-197
de gambas, mango y espinacas
194-195
de garbanzos y perejil a la griega
20-21
de higos, pacanas y halloumi
a la parrilla 12-13
de patatas y menta, chuletas
de cordero asadas
a la tandoor con 136-137
de pepino, salmón a la sal
con 90-91
de pera y nueces, crottin
a la parrilla con 88-89
de tomates y garbanzos,
pollo con romero y 32-33

oriental, brochetas de carne
de vacuno con 178-179
espárragos, ñoquis con 16-17
espinacas 122, 128, 138
champiñones y limón, pilaf
de 68-69
con salsa de yogur, buñuelos
indios de 118-119
curry de coliflor y 140-141
curry de tomate, calabaza
y 112-113
ensalada de gambas, mango
y 194-195
y boniatos, curry de 134-135

feta 18
y comino, remolacha asada
con 62-63
y granada, bulgur con 46-47
y hierbas aromáticas, berenjena
a la plancha aliñada con 22-23
y tomillo limón, calabacín con
10-11
fideos 180, 196
de arroz y shitake, sopa de miso
con 186-187
de pepino, berenjena asada
con miso y 190-191
con pasta de wasabi, atún
y 206-207
vietnamita, chuleta de cerdo
cubierta de sésamo con
ensalada de 196-197

gambas 162, 186
curry de 126-127
mango y espinacas, ensalada
de 194-195
garbanzos 50, 76
especiados con pollo asado
al tandoor 128-129
pollo con romero, y ensalada
de tomates y 32-33
y granada con tostadas de
pan de pita, pasta de 48-49

y perejil a la griega, ensalada
de 20-21
granada 48
bulgur con feta y 46-47
con tostadas de pan de pita,
pasta de garbanzos y 48-49
gratín, patatas al ajillo y champiñones
al 78-79
gratinado de patatas con tocino
y queso 102-103
guacamole con trozos de aguacate
152-153
guisantes y tomate, curry de 124-125

halloumi
a la parrilla, ensalada de higos,
pacanas y 12-13
limón y chile, pimientos rojos
rellenos con 24-25
hamburguesa
clásica 146-147
de emperador sin tapa con alioli
de hierbas aromáticas 156-157
helado de vainilla a la italiana 44-45
hierbas aromáticas 16, 74, 146
berenjena a la plancha aliñada
con feta y 22-23
hamburguesa de emperador sin
tapa con alioli de 156-157
higos, pacanas y halloumi a la parrilla,
ensalada de 12-13
hojaldre de pera y toffee, tartita de
110-111

jengibre 122, 126, 132, 136, 176,
182, 184, 194
y chile, papillote de salmón
con 208-209
y salsa de alubias negras,
salteado de cerdo, 192-193
judías verdes 104, 204
con tomate y orégano 66-67

kebab
de atún a la marroquí con cuscús
58-59

de cordero 54-55

langostinos
asados a la española 34-35
con pimienta de Sichuan 198-199
lechuga 18, 74, 104
albóndigas de pollo a la
vietnamita sobre hojas
de 210-211
lentejas pardinas
a la mostaza, filete de cerdo
y 94-95
y yogur a la menta, salmón
especiado con 130-131
limón 10, 74, 92, 98, 124, 130, 136,
152, 206
con caramelo al limón, panna
cotta de 42-43
pilaf de espinacas, champiñones
y 68-69
y chile, pimientos rojos rellenos
con halloumi, 24-25

mango
chuleta de cerdo crocante
al estilo sureño con salsa
de 142-143
y espinacas, ensalada
de gambas, 194-195
manzana, crepes americanos con
beicon y 168-169
menta 18, 56, 74, 178, 196
chuletas de cordero asadas
a la tandoor con ensalada
de patatas y 136-137
salmón especiado con lentejas
pardinas y yogur a la 130-131
y cuscús de albaricoque, chuletas
de cordero asadas con 52-53
muffin de zanahoria 170-171

naranja amarga, pollo estofado
a la 96-97
nata al limón (y crème fraîche) 90,
144, 168

blinis con salmón ahumado
y 106-107
crema de calabaza con chile
y 158-159
Niçoise, la mejor ensalada 104-105
nueces, crottin a la parrilla con
ensalada de pera y 88-89

orégano, judías verdes con tomate
y 66-67
oriental
brochetas de carne de vacuno
con ensalada 178-179
rodaballo con verduras
a la 176-177

pacanas y halloumi a la parrilla,
ensalada de higos, 12-13
panini, de mozarella y alcachofa,
sándwich 26-27
panna cotta de limón con caramelo
al limón 42-43
pasta
espaguetis con solomillo, tomates
y aceituna 30-31
linguine con calabacín, ajo y chile
28-29
ñoquis con espárragos 16-17
patata 10, 18, 104, 140, 148, 160,
162
al ajillo y champiñones al gratín
78-79
Corned Beef con 148-149
pollo al vino con gratinado de 80-81
tarta de pesto y 38-39
y aderezo de ajo, pollo picantón
asado relleno de 98-99
y menta, chuletas de cordero
asadas a la tandoor
con ensalada de 136-137
pepino 54, 178, 182, 210
berenjena asada con miso
y fideos de 190-191
salmón a la sal con ensalada
de 90-91

y salsa de marinado para mojar,
    salmón a la tailandesa con
    202-203
pera
    y nueces, crottin a la parrilla
    con ensalada de 88-89
    y tofe, galette de 110-111
perejil a la griega, ensalada
    de garbanzos y 20-21
pesto
    tarta de tomate y 36-37
    y patatas tarta de 38-39
pilaf de espinacas, champiñones
    y limón 68-69
pimienta de Sichuan, langostinos
    con 198-199
pimiento rojo 200
    berenjena y queso de cabra,
    rollo de 64-65
    rellenos con halloumi, limón
    y chile 24-25
    rellenos de arroz, piñones
    y eneldo 72-73
piñones y eneldo, pimientos
    rellenos con arroz, 72-73
pistachos
    cordero especiado con ciruelas
    pasas y cuscús de 70-71
    terrina de cerdo y ternera
    con 92-93
pita, pasta de garbanzos y granada
    con tostadas de pan de 48-49
pizza picante de pepperoni 154-155
pollo 40, 194, 202
    ahumado, tacos mexicanos
    de 164-165
    a la vietnamita sobre hojas
    de lechuga, albóndigas de
    210-211
    al vino con gratinado de patatas
    80-81
    asado al tandoor, garbanzos
    especiados con 128-129
    con curry verde tailandés
    204-205

con romero, y ensalada de
    tomates y garbanzos 32-33
curry muy rápido de 138-139
escalfado chino con salsa para
    mojar 182-183
estofado a la naranja amarga 96-97
picantón asado relleno de patata
    y aderezo de ajo 98-99
tikka masala 116-117
potaje de legumbres 160-161

queso azul, ensalada caliente
    de solomillo y 166-167
queso de cabra 82, 88
    rollos de pimiento rojo, berenjena
    y 64-65

remolacha asada con feta y comino
    62-63
repollo, bistec a la teriyaki con
    180-181
rodaballo con verduras a la oriental
    176-177

salmón
    ahumado y nata al limón, blinis
    con 106-107
    a la sal con ensalada de pepino
    90-91
    a la tailandesa con pepino y salsa
    de marinado para mojar
    202-203
    con jengibre y chile, papillote
    de 208-209
    especiado con lentejas pardinas
    y yogur a la menta 130-131
salmonetes con chermoula 60-61
salsa de mango, chuleta de cerdo
    crocante al estilo sureño con
    142-143
salsa para mojar
    de marinado, salmón a la tailandesa
    con pepino y 202-203
    pollo escalfado chino con
    182-183

sésamo 186, 190, 194, 196, 200,
    202, 208
    con ensalada de fideos
    vietnamita, chuleta de cerdo
    cubierta de 196-197
setas shitake, sopa de miso con
    fideos de arroz y 186-187
sopa
    crema de calabaza con chile
    y nata al limón 158-159
    de bacalao ahumado 162-163
    de miso con fideos de arroz
    y setas shitake 186-187
    francesa de cebolla 86-87

tacos mexicanos de pollo 164-165
tajine de vegetales con cuscús
    de almendras tostadas 76-77
tarta de queso neoyorquina de
    chocolate blanco 174-175
tartita de hojaldre de pera y toffe
    110-111
terrina de cerdo y ternera con
    pistachos 92-93
tomillo limón, calabacín con feta
    y 10-11

vainilla a la italiana, helado
    de 44-45
vietnamita, chuleta de cerdo cubierta
    de sésamo con ensalada de
    fideos 196-197

wasabi, atún y fideos con pasta
    de 206-207

yogur 56, 128, 136, 138, 172
    a la menta, salmón especiado
    con lentejas pardinas
    y 130-131
    buñuelos indios de espinacas
    con salsa de 118-119

zanahoria 10, 76
    muffin de 170-171

Créditos de fotografías y recetas

BBC Books y la revista **olive** quieren expresar su agradecimiento a las siguientes personas por haber proporcionado las fotografías que ilustran este libro. Aún habiéndonos esforzado al máximo por averiguar la procedencia de todas ellas, queremos pedir disculpas por cualquier error u omisión que haya podido producirse.

Iain Bagwell p. 143, p. 151, p. 195, p. 197; Peter Cambell Saunders p. 163; Peter Cassidy p. 4, p. 35, p. 59, p. 69, p. 71, p. 101, p. 109, p. 113, p. 125, p. 127, p. 135, p. 147, p. 173, p. 199, p. 201, p. 203, p. 207; Jean Cazals p. 27, p. 43, p. 45; Brent Darby p. 4, p. 65, p. 183; Gus Filgate p. 55, p. 155, p. 171, p. 189; Lisa Linder p. 93; Jason Lowe p. 141, p. 149, p. 167; Geoff Lung p. 175; David Munns p. 47, p. 49, p. 65, p. 89, p. 129, p. 177, p. 185, p. 187; Noel Murphy p. 31, p. 99; Myles New p. 11, p. 19, p. 51, p. 81, p. 85, p. 107, p. 115, p. 137, p. 153, p. 157, p. 169; Michael Paul p. 13, p. 29, p. 33, p. 79, p. 131, p. 181, p. 193; William Reavell p. 21, p. 205; Howard Shooter p. 37, p. 39; Roger Stowell p. 4, p. 6, p. 17, p. 75, p. 83, p. 117, p. 119, p. 179; Simon Walton p. 23, p. 53, p. 63, p. 111, p. 121, p. 191, p. 209, p. 211; Philip Webb p. 4, p. 15, p. 25, p. 41, p. 57, p. 61, p. 67, p. 73, p. 77, p. 86, p. 95, p. 97, p. 105, p. 159, p. 161; Simon Wheeler p. 91, p. 103, p. 123, p. 133, p. 139, p. 145

Todas las recetas de este libro han sido creadas por el equipo editorial de la revista **olive**.

Visítanos en
www.olivemagazine.co.uk